おもしろ日本史

森田恭二 編著

IZUMI BOOKS
16

和泉書院

目次

まえがき

日本史のおもしろさはどこにあるのだろうか。私は、次の三つにあると思う。

一つは、新事実が発見され日本史が見直されることにあると思う。近年、相ついで考古学的調査の成果が見られ、これまでの通説をくつがえす事実が次々と発見されている。その成果を踏まえて、これまでの通説をいかに考え直すかに、おもしろさがある。

二つ目には、文学や芸術と歴史の関連を探ることにある。文学作品や芸術作品は、それ自体感動を呼ぶものであるが、その成立背景に歴史上の人物がどうかかわったのか、文学作品や芸術作品成立の背景を探ることにおもしろさがある。

三つ目には、歴史の主人公たちに焦点をあてて、その主人公の生きた時代を探ることにある。俗に「歴史の裏話」といわれるが、歴史の主人公たちが、いかに苦労し、いかに勇敢に時代に立ち向かっていったかを探ることにあると思う。

私は過去二十年間、大学の教養日本史を担当して来たが、新入大学生諸君に、何とか日本史という学問のおもしろさを伝えたいと思って来た。

このほど一九九六年に出版した『古代・中世くらしの文化』を基本に改編して、『おもしろ日本史』を出版した。大学新入生をはじめとする読者諸氏が、日本史という学問のおもしろさを感得していただくための手引となれば、幸いである。

私は真の日本史のおもしろさは、強制されて暗記することでは感得できないと思う。歴史の真実を資料を駆使して探求することに真のおもしろさがあると思う。

読者諸氏が、先にあげた日本史のおもしろさ三つを理解していただき、「さあ、私もこの謎を解き明かしてみよう。」と、学問するおもしろさをぜひ実行して下さることを期待したい。

二〇〇八年春

帝塚山学院大学教授　森《もり》田《た》恭《きょう》二《じ》

1

三内丸山遺跡と縄文文化

三内丸山遺跡

平成四年（一九九二）、青森市郊外の市民野球場建設用地から、広大な縄文遺跡が発見された。付近からは、これまでにも縄文土器や土偶がたびたび発見されていたが、本格的発掘によって、ここには少なくとも五百人以上の人々が住み、約千五百年にわたって栄えた縄文遺跡であることが明らかとなった。

三内丸山《さんないまるやま》遺跡の特徴は、広大で長期にわたった縄文遺跡であることであった。これまでの縄文遺跡の常識を覆す発見である。

しかし、さらに重要な事実が次々と明らかとなった。

周辺の土壌から分析された花粉によって、同じＤＮＡを持つ大量の栗の栽培が明らかとなったのである。すなわち、三内丸山では、集落の周辺に、栗の木が栽培され、千五百年余にわたって、集落の人々の食用に供されたと考えられる。栗の栽培によって安定した食糧を得た人々が、ここに暮らしていたのである。さらに人々は海の交易によって魚や海獣も得ていたと考えられている。

人間による森林開発は、縄文時代に始まっている。三内丸山に人が住む前、一帯にはブナやミズナラの自然林が広がっていた。縄文時代前期以降、人々は木を切り、火を入れた。

一番下の地層には、森林だった当時のブナなどの根や立ち株がそのまま残っている。その上の層からは、人のかかわりを示す灰や炭、土器片や栗の皮、トチの実などが密集する層が混ざってくる。三内丸山では、この開発の痕跡が千五百年以上に及んでいる。

栗は栽培されていたと考えられ、直径一メートルほどの巨大木柱に栗が使用されており、その樹齢は八十年から百年。一年間に一センチも年輪が太っている。樹齢百年の木を育てたということになれば、三内丸山遺跡の縄文人には、三世代ほどの後のことを考えて木を育てるだけの余裕があったことにもなる。

栗などの管理で恒常的生産を図る一方、ウルシやニワトコなど、資源として使えるものを選択し、利用した。ヒョウタンやゴボウなど、外からもたらされたと思われるものも、資源利用体系に組み込んでいった。その結果、漆塗りなどの工芸や、酒造りなどを専門にする高度な技術を持った集団が生まれた。三内丸山は人々を集める力を持つ中核的都市であったろうといわれている。

これまでの原始的な縄文時代観では解けない事実が、次々と明らかになった。栽培農業や生活技術の進展が見られる集落なのである。

集落の中からはヒスイやメノウなどの宝石類や黒耀石が発見された。これらは中部日本や北海道の産出物であって、日本海や津軽海峡を経て、様々な物資が三内丸山に運ばれていたことが裏付けられた。すでに縄文時代に、交易によって人々の集まる中核的都市が存在したと考えられるのである。海に近い三内丸山は、交易の中心地として栄えていたのである。

遺跡内からは「縄文のポシェット」と名付けられた編籠や、漆塗りの椀が発見され、その工芸技術の高さが推測されるのである。衣料には編布《あんぎん》や毛皮が用いられており、染色もなされていた。

集落内建造物では、太さ一メートルに及ぶ栗の大木六本を立てた櫓《やぐら》が発見されており、その高さは一〇メートル余に及ぶことから、神殿的建物ではないかと推測されている。六本の巨大な木柱は、北アメリカのトーテムポールとも共通性が指摘されている。

さらに、その近くから二百人余が入れる大型竪穴住居が発掘された。集会所もしくは作業所の役割を荷っていたと考えられ、集落の中心的建物と思われる。

縄文中期の千五百年余にわたって、青森市郊外に、海上交易の中心地として、高い文明と豊富な食糧を持つ集落が存在していたのである。

彼らの文明に、千島や樺太さらにベーリング海峡を経てアラスカやカナダとも共通するものがあったと考えられ、縄文時代の本州北端に、これまで考えられて来た縄文文化像を塗り替える大集落が存在していたのである。

(『縄文の扉縄文まほろば博公式ガイドブック』「縄文まほろば博」実行委員会発行、一九九六年)

2

池上曽根遺跡と弥生文化

池上曽根遺跡

弥生時代の小国家といわれる吉野ケ里《よしのがり》遺跡が昭和六十一年（一九八六）九州佐賀県に脚光をあびてから、約十年後の平成七年（一九九五）、大阪府の和泉市・泉大津市にまたがる地で、これまた小国家の首都を思わせる池上曽根《いけがみそね》遺跡が発見された。

近畿地方の大阪からも弥生時代の大規模遺跡が発見されたのである。弥生時代の小国家時代の遺跡の発見にともなって、大阪府はこの遺跡の側に府立弥生文化博物館も設置した。

池上曽根遺跡

池上曽根遺跡大型井戸跡

この遺跡が注目されるのは、三内丸山遺跡や吉野ケ里遺跡とも共通するような、大型の堀立柱建築物が発見されたことである。この建物跡には、当時の柱の一部が十七本残っていた。その直径は約六〇センチのヒノキの大木である。「年輪年代測定法」によって、「紀元前五十二年」に伐採されたことが明らかになった。すなわちこの遺跡が弥生時代の紀元前一世紀頃のものであることが有力となった。

さらにこの遺跡から出土した土器片に、大型の神殿風建築物が描かれており、これがその建物とすると、二階建の神殿風建築物が存在したと想定された。

平成十一年（一九九九）に完成した復元建築は、「和泉の高殿《たかどの》」と呼称され、大きな屋根の内部が人と神が交信する神聖な場所、吹き放ちの階下は人が祭り事をする空間と想定されている。

神殿風建物前の広場からは大型の井戸跡が発見され、直径二メートル余の巨大な樟を井戸枠に用いたことが明らかとなった。神聖な水を汲むための井泉であることを示している。この井泉も神殿前の広場に復元された。

さらに、この集落には、数百戸の住居があったと考えられ、集落は二重の環濠で囲まれていた。巨大な環濠集落は、九州の吉野ケ里遺跡で発見されたが、池上曽根遺跡も吉野ケ里と同様な弥生時代の環濠集落であることが明らかとなった。

大阪湾に近いこの集落は、中国や朝鮮との交易品も入手し、当時の高い文化を持った人々が居住していた弥生時代の都市ともいうべきものであったと考えられる。いわば和泉地域の首都的集落でもあ

池上曽根遺跡の復元高殿

池上曽根遺跡の復元高殿

ったと想像できよう。

〈和泉の高殿〉

遺跡からは大型の建物跡が復元された。これは柱の太さから二階建の大型建造物と推定されている。

その上、大型建物の前には樟で作られた井戸枠が発見され、まさに井泉があったことが推定された。

従ってこの大型建物と井戸のある地域は、池上曽根遺跡の中の神聖な祭祀の場所であろうと考えられている。

大型建物が復元され、「和泉の高殿」と命名された。「和泉の高殿」はこの地域の首長が祭祀を行なう特殊な建造物であったと想定されている。

大型建物前の井戸枠は樟の木で作られており、樟に神聖な香りのあることから、儀式や祭祀に使う水をこの井戸から汲み取ったと考えられ、この井戸も高殿前に復元された。

池上曽根遺跡は、建物と集落が復元展示され、私達は現地を訪れることによって弥生時代にタイムスリップすることができる。

3 吉野ケ里遺跡と邪馬台国

吉野ケ里遺跡

吉野《よしの》ケ里《がり》遺跡は佐賀県神埼郡にひろがる弥生時代から奈良時代にわたる複合遺跡である。

昭和六十一年（一九八六）、佐賀県教育委員会が進めてきた発掘調査の結果、佐賀・吉野ケ里遺跡で大規模な弥生後期の環濠集落跡がみつかった。九州佐賀に発見された吉野ケ里遺跡は、日本中の人々を驚かせた。何故ならそこに発見された遺跡には、『魏志倭人伝』に見られるごとき、「宮室・楼観《ろうかん》・城柵《じようさく》を厳《おごそ》かに設けた」邪馬台国を思わせる景観が存在したからであった。弥生時代後期の小国家が出現したからである。

吉野ケ里遺跡倉庫群

私が吉野ケ里遺跡を訪ねた時は、雨上りの春のある日であった。それでも全国からこの遺跡を一目見ようと大勢の人々が訪れていた。復元された城柵や竪穴住居、それに望楼は、三世紀頃といわれる邪馬台国を連想させる。望楼の下に立って上方を見るといかに大きいかがわかる。何しろ直径一メートルもあるような柱が立っていたのだから、その高さも一〇メートル以上あったと考えられている。城柵の外に掘られていた環濠は深く、集落はまるで小国家を思わせる規模であった。

環濠集落跡からは弥生時代の竪穴住居跡約三百三十戸、甕棺墓約二千基など、計約二千三百基の墳墓と、三百体以上の人骨が見つかっている。中国・後漢の銅鏡をはじめ、刀子《とうす》などの鉄器、玉類なども多数出土、有力豪族が居住していたことがうかがえる。また、盾などの武具を装飾した巴《ともえ》形銅器の鋳型が初めて出土し、銅器工房の存在を裏付けた。奈良時代の遺跡からは、約二百五十棟の建物跡から木簡や硯などが出土し、神埼郡衙《ぐんが》と推定されている（佐賀県教育委員会編『環濠集落吉野ケ里遺跡概報』吉川弘文館、一九九〇年）。

吉野ケ里遺跡物見櫓と竪穴住居・城柵

集落跡

吉野ケ里丘陵内における弥生時代の集落跡は、前期から後期にいたる各時期のものが丘陵の各所に散在していたことが調査によって確認された。丘陵の各所のほぼ全域にわたって弥生時代前期前半から中期初頭にかけての竪穴住居跡や貯蔵穴などの生活関連遺構が検出されており、丘陵内におけるいくつかの集落の形成をうかがわせている。

これら竪穴住居跡や貯蔵穴群より形成される集落の南側においては、甕棺墓約三十基より成る墓地が営まれていた。

弥生時代中期中頃〜後半にかけての竪穴住居跡などは、単独で集

吉野ケ里遺跡遠景

中する部分は少ないが、丘陵のほぼ全域にわたって確認されている。

弥生時代後期の集落跡は比較的明確に残存していた。竪穴住居跡は百三戸検出されたが、そのほとんどが後期に位置づけられている。規模は長検出された竪穴住居跡は平面長方形を呈するものが多い。規模は長辺五〜六メートル、短辺三〜四メートルのものが多く、短辺の片面もしくは両面にベッド状遺構と呼ばれる高まりを伴ったものが多い。また掘立柱建物跡も発見されているが、それらは高床倉庫跡と考えられている。このほかに、斜面から低地にかけて後期の素掘りの井戸も確認されており、集落内における住居跡、倉庫、井戸など生活関連遺構の状況を知ることができた。

丘陵上において弥生時代初期から小規模な集落の成立が確認されたが、その後少なくとも弥生時代前期前半までには、大きな溝で囲まれたいわゆる環濠集落が形成されたものと考えられる。環濠と考えられる溝は断面が「V」字形を呈しており、幅二〜三メートル、深さ約二メートルと大規模なものである。その出土遺物より、この環濠は少なくとも弥生時代前期前半までには、掘削されており、中期初頭でほぼ埋没していることが確認された。濠内からは多量の土器類や石器類が出土しているが、その一部から骨鍬や加工痕のある鹿角などの骨角製品や動物骨、カキ、アカニシ、バイ貝などの貝類が集中して出土した。これら出土した動物骨の中には犬やブタと考えられるものもあり、ほかに出土した貝類などとともに弥生時代の家畜の存在や食生活を考える上で好資料が得られている。

弥生時代中期ごろになると、その集落の規模が拡大するものと考えられ、幅五メートルという大規模な溝が検出されており、ほぼ東西に延びており、丘陵西側と東側のくびれ部を断ち切るように設けられている。

土塁のような防御施設が濠の外側に設けられていたこともわかっている。

内濠の外側には半円形の張り出しが古い段階の内濠で三カ所、新しい段階の内濠で三カ所の計六カ所で発見されている。これらの中で古い内濠の西側部分と新しい内濠の東側部分各一カ所に、堀立柱建物跡が検出された。この建物跡はともに一×二間で、柱穴は一辺一〜一・五メートルの方形もしくは長方形を呈しており、深さは二メートル以上あったと推定される。この張り出し部分が眺望のきく位置に設けられている点などを合わせ考えると物見櫓のような高い建築物を想定することができる。これに環濠やそれに対する土塁の存在の可能性を加えると、いくつかの防御施設を備えた集落の景観をうかがうことができる（前掲書『環濠集落吉野ケ里遺跡概報』）。

このような施設の状況は、『魏志倭人伝』にある次の箇所を連想させる。

其の国、本亦《もとまた》男子を以て王と為し、住《とど》まること七八十年、倭国乱れ、相攻伐すること歴年、乃《すなわ》ち共に一女子を立てて王と為し、名づけて卑弥呼と曰う、鬼道を事とし、能《よ》く衆を惑わす、年已《すで》に長大なるも、夫婿《ふせい》無く、男弟有りて治国《ちこく》を佐《たす》く、王と為りし自《よ》り以来、見る有る者少なし、婢千人を以て自ら侍せしめ、唯男子一人有りて飲食を給し、辞を伝えて居処に出入す、宮室・楼観《ろうかん》・城柵《じょうさく》を厳《おごそ》かに設け、常に人有りて、兵を持して守衛す、

すなわち、『魏志倭人伝』の邪馬台国女王卑弥呼の宮室のあった所は、「宮室・楼観《ろうかん》・城柵《じょうさく》を厳《おごそ》かに設け、常に人有りて、兵を持して守衛す。」という状態であったというが、吉野ケ里遺跡の城柵や環濠および物見櫓は、この記述を極めて類似しているといえる。すなわち、吉野ケ里遺跡は、邪馬台国時代の小国家の有様をも示す遺跡であるといえよう。

主な出土遺物

集落跡からは、多量の土器をはじめとして石器、鉄製品、青銅器、玉類などが出土している。土器類の出土は、竪穴住居跡、土壙（貯蔵穴を含む）、井戸跡、溝跡（環濠を含む）などのさまざまな生活関連遺構から見られており、弥生時代のほぼ全時期のものが確認されている。これらの土器類は、甕《かめ》・壺《つぼ》・鉢《はち》・坏《つき》・甑《こしき》（蒸し器）・高坏《たかつき》・器台《きだい》・支脚などの生活用具が大半を占めている。この中で、特に内濠・外濠などの環濠内には多量の土器類が廃棄されているが、生活用具とは様相の異なるミニチュア土器も多数出土しており、祭祀行為の可能性を示す土器も出土している。またこれらの土器は在地系のものが大半を占めているが、なかには外来系の特徴を示す土器も出土しており、当時の他地

域との交流の状況を示すとも考えられている。

また、多量の土器類とともに鐸形《たくがた》土製品や土製勾玉のような土製模造品や土弾（投弾か）・土製紡《ぼう》錘車《すいしゃ》のような土製品も出土している。

これらの多量の土器類に加えて、石庖丁・石鎌《がま》・石斧《おの》・石ノミ・磨石・石皿・石製紡錘車《ぼうすいしゃ》・石鏃《ぞく》・石剣・石戈《せきか》・砥石《といし》などの石器類の出土も多く確認されている。この中で石庖丁は特に多く、住居跡や溝跡、土壙などの生活関連遺構から出土している。

鉄器・青銅器のような金属器も多く出土している。鉄器については、斧《おの》・鋤先《すきさき》・鎌《かま》・鏃《やじり》・鏃《やりがんな》などがあり、農具・工具類が大半を占めている。青銅製品については、鏡六点と銅剣等が出土している。また青銅器を鋳造する際に使用された鋳型の出土が確認された。その内容としては、巴形銅器の鋳型片、銅剣の鋳型片等が発見されている（前掲書『環濠集落吉野ケ里遺跡概報』）。

墓地

吉野ケ里丘陵内はほぼ全域に弥生時代の墓地が検出された。これらの墓地は、甕棺墓《かめかんぼ》・土壙墓《どこうぼ》・木《もっ》棺墓《かんぼ》・箱式石棺墓《はこしきせっかんぼ》などさまざまな埋葬形態がみられるが、その中でも甕棺墓が非常に多く、検出された弥生時代埋葬遺構の大半を占めている。

この甕棺墓は、甕形土器を棺として利用したものであるが、小児用と考えられる小型棺はほぼ全国的に分布しているものの、成人用の大型棺は西北九州から北部九州にかけて集中している埋葬形態である。調査により検出された甕棺墓は同規模の甕を二個合口《あわせぐち》にしたものや、甕と鉢、甕と壺、甕と高坏といった組み合わせによるものもあり、これらのほかには石蓋や板（木）蓋の単棺などさまざまな形態のものがある。このような形態の違いにはある程度時期的な問題も起因しているものと考えられ、少なくとも中期後半から後期にかけては石蓋や木蓋の単棺の数が増加する傾向を示している。また、この甕棺墓は棺として使用された甕の規模により、大型棺（成人棺）・中型棺・小型棺（小児棺）といった種類に分けることもできる。調査により検出された甕棺墓は合計二千基以上に及び、弥生時代の各時期のものが丘陵上とその周辺各所の分布している。

甕棺墓についで多く見られるのが土壙墓である。この土壙墓は、素掘りの穴に遺体をじかに埋葬するものであり、平面が細長い長方形で底に近い位置から横穴を掘り込んだものの二種類が存在している。少数ではあるが木棺墓や箱式石棺墓が確認されている。

以上のように吉野ケ里丘陵とその周辺における弥生時代の埋葬遺構は約二千五百基確認されており、ほとんど丘陵の尾根部周辺に集中している。特に丘陵北半部において集中する墓地群は、丘陵の南半部において形成された大規模な環濠集落の存在との関連が推定できる（前掲書『環濠集落吉野ケ里遺跡概報』）。

墳丘墓

多数の弥生時代の埋葬遺構群の中において、特に異なる様相を呈するものが、吉野ケ里丘陵地区で確認された墳丘墓《ふんきゅうぼ》である。墳丘墓の現存する墳丘は南北約四〇メートル、東西約三〇メートル、高さ約二メートルの平面が、ほぼ楕円形を呈しているが、当初は現在よりもさらに大きく、高いものがあった可能性が大きい。この墳丘墓は調査により弥生時代中期前半までには成立していたものと考えられ、墳丘墓の周囲で営まれている墓地とほぼ同時期のものである。

墳丘墓からは王の権威を示す銅剣・菅玉類が発見されている（前掲書『環濠集落吉野ケ里遺跡概報』）。

ところで『魏志倭人伝』は、卑弥呼の墓について、次のように書いている。

卑弥呼以て死す、大いに冢《つか》を作る、径は百余歩、葬に徇《じゅん》ずる者奴婢百余人、更に男王を立しも国中服さず、更に相誅《あいちゅうさつ》殺す、時に当りて千余人を殺す、復《ま》た卑弥呼の宗女《そうじょ》の壱与、年十三なるを立てて王と為し、国中遂に定まる

卑弥呼が死去すると、塚が作られたという。径百余歩、徇葬者百余人であったというが、北九州、近畿地方で推定されており、近畿では大和箸墓（桜井市）が有力視されている。

吉野ケ里の墳丘墓は、これに該当しないのであろうか。

卑弥呼の死去した年は景初三年（二三九）の約十年後といわれるが、吉野ケ里の墳丘墓はそれより

も一世紀程度古いと考えられている。

出土遺物の中に大刀が検出されており、女性の首長の可能性は低いと考えられている。従って吉野ケ里の墳丘墓は卑弥呼の墓とは言い難い。

しかし、吉野ケ里の小国家は、少なくとも邪馬台国時代に存在していたことは確かであろう。

4

古墳時代と近畿地方

大和《おおやまと》古墳群

桜井市から天理市にわたる三輪山麓の地域は、大和《おおやまと》地域と呼ばれ、大和《やまと》の国名の発祥地であるという。

ここには、卑弥呼の墓の候補として名高い箸墓《はしはか》古墳をはじめ、ホケノ山古墳・黒塚古墳など三世紀の初期古墳が数多く存在している。

大和三輪山麓大和古墳群一帯

唐古・鍵遺跡

大和箸墓古墳

ホケノ山古墳

ホケノ山古墳殉葬遺構

　これらの古墳群を総称して大和《おおやまと》古墳群と呼んでいる。この地域は初期大和朝廷成立の地で、いわば大和国家発祥の地である。

　大和古墳群の中でも、三輪山の麓に存在する墳丘全長約二八〇メートルの箸墓古墳は、最古の巨大前方後円墳として広く知られている。倭迹々日百襲姫命《やまとととひももそひめのみこと》の墓として伝承されるこの箸墓は、大和政権の始祖的女王の墓と想定され、卑弥呼にあてる説が有力である。

　箸墓古墳の周辺には、纏向《まきむく》石塚・矢塚・勝山・東田大塚など、箸墓古墳と同時期、あるいはそれに先行すると考えられる前方後円墳がある。また、一帯には纏向遺跡がひろがっている。この地域が大和政権の誕生と深いかかわりをもつことは疑いないと考えられている。

　平成十二年（二〇〇〇）四月に発掘されたホケノ山古墳は、箸墓古墳のすぐ近くに位置する。墳丘は全長約八〇メートル、前方部を南東に向けて造られた前方後円墳である。墳丘の表面には葺石を設け、周囲に周濠を廻らしていた。古墳の主人公は、後円部中央の「石囲い木槨《もっかく》」に埋葬されていた。「石囲い木槨」は、わが国で初めて確認された特殊な構造の埋葬施設で、木材でつくった「木槨」の周囲に、河原石を積み上げて「石囲い」をつくるという二重構造となっていた。この古墳の主人公の遺骸は、木の棺、木の部屋、石の部屋によって幾重にも厳重に包み込まれていた。埋葬施設の上部には、石を積んだ長方形の壇があったと推定され、このまわりに様々な文様で飾った二重口縁壺をほぼ一定間隔で並べていた。

出土遺物は、中国製の画文帯神獣鏡《がもんたいしんじゅうきょう》一面のほか、内行花文鏡《ないこうかもんきょう》・半肉彫表現の鏡破片・素還刀大刀《かんとうたち》一口を含む刀剣類がある。棺内には多量の水銀朱が見られ、埋葬時に水銀朱が入れられたことを物語っている。

出土した二重口縁壺は、編年上、庄内式と呼ばれるものである。画文帯神獣鏡は後漢末の製作とみられる。木槨を採用した特殊な埋葬施設の構造など総合して考えると、この古墳の築造年代は箸墓古墳よりもさらに古く、三世紀中頃と考えられる。内容的には、定型的な古墳時代前期の前方後円墳と全く共通する点、あるいはつながっていく点が多い反面、弥生時代の大型墳墓との類似性があることも注目され、最古級の前方後円墳と考えられる。

同時期の他のどの地域の墳丘よりも大きく大規模で複雑な構造の埋葬施設をもち、副葬品も質・量ともに豊富であり、当時の大和の大王級の古墳として、邪馬台国との関連も注目される古墳である。

黒塚古墳の発見

平成十年（一九九八）一月、奈良県天理市柳本町の黒塚古墳から、三十二面もの三角縁神獣鏡《さんかくぶちしんじゅうきょう》が発見されたというニュースは、日本中を驚かせた。

そもそもこの種類の三角縁神獣鏡は、邪馬台国の女王卑弥呼が魏の皇帝からもらったものであるという説が、有力だからである。

邪馬台国の所在地をめぐる論争で、大和説が、がぜん有利になったとの見方もある。

黒塚古墳は古墳時代前期前半に築造された全長約一三〇メートルの中型の前方後円墳である。東側の後円部の頂上付近から南北に長さ八・三メートル、幅〇・九メートルから一・三メートル、高さ一・七メートルの竪穴式石室が発掘された。石室内には、直径一メートル以上の丸太をくりぬいた長さ六メートル余の竹形木棺をすえたとみられるU字状の粘土の床があり、北まくらの被葬者が安置されていた中央付近には魔よけ用らしい朱が大量に残り、周りの土も赤く染まっていた。棺と遺体は腐食してなくなっていた。三角

黒塚古墳発掘状況

縁神獣鏡は木棺外側の北半分を「コ」の字形に囲むように見つかった。直径二三センチ前後のものが多く、鏡面を棺に向けて立てかけてあった。

三角縁神獣鏡のうち、三面の鏡背にある浮き彫り文様が分かった。椿井大塚山古墳や和泉黄金塚古墳で出土した鏡と共通する銘文や神獣の文様があった。棺内からは画文帯神獣鏡一面も発見されており、これは直径約一三・五センチで中国製の物であった。被葬者の頭部付近の仕切りに立てかけられていたらしい。

また、石室内からは、さびた鉄の刀剣二十点以上や鉄鏃のほか、用途不明のU字型鉄器・鉄製の兜などの小札《こざね》が発見されている。

その後の出土品調査では、三角縁神獣鏡に魏の都「洛陽」の文字や、中国の工人が鋳造したことが記されていることがわかった。

少なくとも魏鏡が含まれていることは確実となり、邪馬台国と密接に関連する遺跡であることは間違いない。

被葬者の推定は容易ではない。しかし周辺には、卑弥呼の時代の墓として有力視されている箸墓古墳をはじめ、近年発掘されたホケノ山古墳など三世紀~四世紀の邪馬台国時代の古墳が集中する、これらを総称して大和《おおやまと》古墳群と呼んでいる。大和古墳群のさらなる調査が進めば、邪馬台国時代の大和地域の歴史が明らかとなり、その所在地論争にも一定の結論が出されるようになるであろう。

5 飛鳥文化とその遺跡

飛鳥京遺跡の発掘

斉明天皇の宮殿後飛鳥岡本宮《のちのあすかおかもとのみや》の西北には、石造の噴水装置のある庭園池（飛鳥京庭園跡）が広がっていた。飛鳥の西南の入口には石敷広場（平田キタガワ遺跡）があり、異様な容姿の男女像など四件の石造像がみつかっている。

庭園の北約七〇〇メートルには、時刻を知らせる水時計の「漏尅《ろうこく》」（水落遺跡）や、石人像・須弥山石のみつかった石神遺跡がある。酒船石遺跡麓からみつかった新亀形石は、この時期の飛鳥京遺跡

飛鳥古京

飛鳥稲淵段々畠

奥飛鳥

の姿をさらに明らかにするものとなった。

『万葉集』巻一―五一には、飛鳥の地で詠まれた志貴皇子《しきのみこ》の歌が伝えられている。

　明日香宮より藤原宮に遷《うつ》居りし後、志貴皇子の御作歌《みうた》、

采女《うねめ》の袖吹きかへす明日香風都を遠みいたづらに吹く

この歌は次のように現代語訳されている。

美しい采女の袖を吹き返していた明日香風。藤原宮は飛鳥から遠く離れているので、今では采女の袖を翻すこともなく、ただ空しく吹いているばかりであるよ。

（和田萃氏著『飛鳥―歴史と風土を歩く―』岩波新書、二〇〇三年）

飛鳥川の渡河石

飛鳥京遺跡

飛鳥京跡については、昭和三十四年（一九五九）から現在に至るまで、奈良県立橿原考古学研究所により発掘調査が続けられて来た。上層・中層・下層の三層から、宮殿遺構が重

復して発見されている。そのうち、上層A期の遺構は斉明朝の後飛鳥岡本宮、上層B層は天武・持統朝の飛鳥浄御原《きよみはらのみや》宮とされている。中層は皇極・斉明朝の飛鳥板蓋《いたぶきのみや》宮である可能性が大であるとされている。下層は舒明朝の飛鳥岡本宮と推定されているが、解明は進んではいない。

亀形石の発見

平成十二年（二〇〇〇）二月に発見された飛鳥酒船石《さかふねいし》遺跡麓での「新亀形石」の発見は、これまでの飛鳥文化のイメージを一変させるものであった。

亀形石発掘現場

飛鳥には、蘇我氏が日本で初めて開いたといわれる仏教寺院（飛鳥寺）があり、聖徳太子が政治を執った時代のイメージによって、仏教文化の色彩が濃いと思われていた。

しかしこの亀形石には、道教の影響が強く感じられたのである。ひるがえって見ると、飛鳥には謎の石造物が数多く存在している。「猿石」・「亀石」・「石神像」をはじめ多くの石造物があるが、「酒船石」は最も謎深い物であった。

酒船石は古代人の酒造りの跡と言われたり、はてはゾロアスター教の聖地として建立された山上寺院の跡ではないか、とも言われていた。

しかし、この亀形石の発見は、これらの石造物がいずれも道教と関係深いことを示唆したのである。発掘成果によると次の如くであった。

酒船石のある小山には、石垣が幾重にも廻らされ、その麓の谷間にあたる場所から井泉が発見された。こんこんと湧きでる井泉の水は亀形石に導かれ、さらに亀形石からは長い水路が築かれていた。亀形石のまわりは石敷の広場となっており、広場の両側には、階段上の石段が築かれており、野球場のスタンド席のようであった。どうやら、井泉から湧き出た水を使って、亀形石のある場所で、神聖な儀式を行なった跡ではないかと思われる。ここでは雨乞いの儀式が行なわれたり、不老長寿や国家の平安が祈られたことが想像できよう。

酒船石遺跡についてはいろいろな解釈がある。両槻《ふたつき》宮《のみや》に関わるとするもの、ミソギの施設、庭園、饗宴の場とする説などである。中核施設である湧水から南北溝に至る施設は、神仙思想に基づく庭園施設ととらえうる。酒船石丘陵は蓬萊山に見たてられ、その北麓には醴泉が湧き出していた。醴泉を中心とした施設で斉明天皇自らが秘儀を実修し、また外国使節をもてなす饗宴の場として利用されたとも推察されている（前掲書『飛鳥―歴史と風土を歩く―』）。

このような、飛鳥の都の石造物は、道教との深い関係を示唆している。特に須弥山石は、天上の須弥山を形どったもので、石を敷きつめた庭園の中央に設置され、しかも水路を通る水が須弥山石に導かれ、噴水となって流れ出る仕組みになっていた。石神像は、道教の神々を表すものかと思われ、猿石や亀石なども道教の神との関連が指摘されているのである。

『日本書紀』巻第二十六「斉明天皇」二年（六五六）の条にある次のような文が注目される。

斉明天皇、両槻宮について、次のように書いている。

田身嶺《とうのみね》に於て冠《かぶ》らしむるに周《めぐれるかき》垣を以ってす。復《また》、嶺《たけ》の上両の槻の樹辺に於いて観《たかとの》を起《た》つ。両槻《ふたつきの》宮《みや》と為《な》し亦天宮《またあまつみや》と曰《いわ》く。時に興《おこしつくること》事を好む。迺水工を使《つかい》て渠《みぞ》をうがち香山《かのやま》の西より石上山《いそのかみやま》に至り、舟二百隻を以って、石上山の石を載《つ》んで、宮の東の山に控引《ひく》。石を累《つら》ねて垣《かき》と為《な》す。時の人謗《そし》りて曰《いわ》く狂心渠《たぶれこころのみぞ》と。

すなわち、田身嶺《とうのみね》に石垣を施し、その山頂に両槻宮を造営したという。

さらに石上山の石を積んで、飛鳥京の東の山へ運搬するため、水路を造らせたという。この溝は「狂心渠《たぶれこころのみぞ》」といわれた。

この田身嶺が現在の多武峯を指すのか、麓の小山を指すのか定かではない。また飛鳥京の東に造られた石積みの丘が、現在の酒船石のある丘を指す可能性もある。あるいは、両槻宮のあった田身嶺もこの丘の可能性もある。

『日本書紀』同四年（六五八）十一月条には、有間皇子の変が起こったことが、次のように記される。

十一月庚辰朔午、留守する官蘇我の赤兄の臣、有間皇子《ありまのみこ》に語って曰く、天皇治らしむ所の政事三

飛鳥酒船石

の失《あやまち》有るなり。大に倉庫を起ちて民の財を積聚すること一也。長《とお》く渠《みぞ》の水を穿《ほ》りて公の糧を費《おと》すこと二也。舟に石を載んで運び積みて丘を為すこと三也。有間皇子乃ち赤兄が己に善《うるわ》しきことのみ欣びてこれに報答《こた》えて曰く、吾れ年始て兵を用うべき時なり。

斉明天皇一行が紀伊の牟婁の湯治に出かけた間に、有間皇子の変が起こった。蘇我の赤兄が皇子を反乱へそそのかした言葉に、斉明天皇の三失がある。三失の一つめは「大きな倉庫を建てて人民の財物を集めた」こと。二つめが「狂心渠」。この水路跡が近年の発掘で発見されている。三つめは、石積みの丘を造ったことであるが、これが酒船石のある丘と考えられる。石積みや石垣が発見されたこの丘の麓から、新亀形石が発見されたのである。

飛鳥京庭園

平成十一年（一九九九）、飛鳥京近くから大規模な庭園遺構が見つかった。庭園は、飛鳥板蓋宮《いたぶきのみや》跡の西方・飛鳥川の辺にあった。庭園の苑池から横方向に穴を貫通させた石造物（噴水）が立ったまま出土したのが注目を集めた。

その後の発掘で大池の中央に中島があり、その中島へ渡るための大規模な土橋が発見された。その土橋を挟んで大小二つの池があったこともわかった。

この遺構は、天武天皇が即位した飛鳥浄御原宮《きよみはらのみや》の苑池である可能性が極めて高い。橿原考古学研究所によると、この苑池は、日本最古の庭園跡とみており、『日本書紀』白雉十四年（六八五）に、天武天皇が「白錦後苑《しらにしきのみその》」に行幸したという記事があることから、その関連性が指摘されている。朝鮮半島の古代国家・新羅の庭園にも類似、庭園史上の一級の発見であるとともに、当時の国際情勢、飛鳥の都市計画を考える上でも重要な発見であった。

飛鳥石人像（飛鳥資料館）

池は二層になっており、下の層からは七世紀中頃から後半の土器が見つかり、苑池は斉明朝に造られ、その後改修された可能性が高い。

大正年間にこの付近から二個の石が掘り出され、出水の酒船石と呼ばれている。一つは扁平で長さ二・五メートル、もう一つは幅が狭い滑り台のような形で、長さ約三メートル。上面に彫り込まれた楕円形のくぼみや溝で扁平な石からもう一つの石に、水を流す構造となっていた。

飛鳥京庭園では、噴水石造物と浴槽形の石造物が出土している。いずれも苑池に関連する石造物と考えられ、水を流したり、噴水とする装置であったと考えられる。

苑池を管理した役所とみられる「嶋宮」や、苑池の側に薬草園が存在したことを示す「委差俾《わさび》三升」などと墨書した木簡四十五点が出土している。

また付近の土砂から「桃」や「梨」などの果実の種子が発見されており、薬草とともに果実が栽培されていたものと思われる。

飛鳥京庭園は、飛鳥京の水路の水を受け入れ、大小二つの池でその水を調節するとともに、天皇や外国の賓客のための苑池でもあったと考えられる。

飛鳥京庭園跡

さらにこの庭園では、薬草や果実が栽培され、薬草園・果実園でもあったことが明らかとなった。

飛鳥京庭園遺跡は、天武天皇時代の「白錦後苑《しらにしきのみその》」と考えられる。飛鳥京や天武天皇飛鳥浄御原宮が整備された頃この庭園も完成し、外国使節や天皇らの遊苑の場であり、薬草園や果実園としても利用されたことがわかった。苑池の池は、都全体の排水を調節する機能も備えていた。

飛鳥京時代の高い土木技術水準を示すとともに、当時新羅や百済に見られた苑池に模倣した庭園であったこともわかった（前掲書『飛鳥—歴史と風土を歩く—』）。

6　長屋王邸遺跡の語るもの

長屋王邸の発見

天武天皇の孫であり高市皇子《たけちのみこ》の子であった長屋王は、左大臣にまで上り、藤原不比等《ふひと》の子武智麻呂《むちまろ》と並んで、奈良時代初期の政界の中心人物であった。しかし、神亀六年（七二九）の長屋王の変によって自害した薄幸の人物であった。

昭和六十三年（一九八八）、奈良市内の左京三条二坊（二条大路南一丁目）の地におけるデパート建設にあたっての発掘調査の結果、ここに長屋王邸が発見された。

邸内の井戸の中から大量の木簡が発見されたが、その内に次のような字句があった。

（表）長屋皇宮俵一石春人夫

（裏）羽咋直嶋

これは、長屋王の宮で消費される白米一石を入れた俵の荷札で、羽咋《はくい》直嶋《のなおしま》が白米を舂《つ》いたことを示している。他の木簡には養老元年（七一七）の年紀を示すものがあり、この邸宅は長屋王が住んでいた屋敷であることが判明した。

問題となったのは「長屋皇宮」の文字である。長屋王邸を指すのに「長屋皇宮」と記すことへの疑問が生じた。別の木簡には、「長屋親王宮鮑《しんのうぐうあわび》大贄《おおにえ》十編」と書かれており、「親王」と呼ばれ、「大贄」が献上されているのである。天武天皇の孫で「長屋王」であるはずの彼が、なぜ親王と呼ばれたのであろうか、という疑問が生まれて来た。「宮」というのも天皇の住む屋敷のことで、長屋王の場合は

「宅」であるはずなのにそうでない。また「大贄」というのも神または天皇に捧げるもので、ふつう王である長屋王に捧げる鮑を大贄と称するはずがない。

これらの疑問を考えると、長屋王は実は皇位継承権を持っており、皇太子にも匹敵する地位にいたのではないかと考えられる。

長屋王邸の発見は、通説の長屋王の変を考え直す契機をもたらした。

皇位継承権を持っていた長屋王を抹殺し、藤原氏の推す聖武天皇を即位させようとしたのが、長屋王の変ではなかったのだろうか。

長屋王の変

神亀六年（七二九）に起こった長屋王の変とは次のようであった。二月十日、左大臣長屋王が謀叛を企てているとの密告があり、翌十一日舎人親王《とねりしんのう》・藤原武智麻呂《むちまろ》が長屋王を詰問したが、王は否認したまま十二日に自害してしまった。長屋王は、天武天皇孫にあたり、高市皇子の子として、神亀元年（七二四）左大臣に上り、藤原氏と並ぶ政府の中心人物であった。変後、藤原武智麻呂は、中納言から大納言に上り、他の房前《ふささき》・宇合《うまかい》・麻呂《まろ》も三位以上となった。

また天平十年（七三八）大伴子虫が密告者中臣東人を殺害するなど、事件は当時から謎の多い事件とされており、長屋王の謀叛は疑問とされて来た。

奈良市二条大路南一丁目のデパート建設現場から発見された長屋王邸は、歴史の中に消え去っていた長屋王の姿を再現するものであった。特に井戸から発見された「長屋親王宮鮑大贄十編」等の木簡は、長屋王が天皇の継承権を持つ親王であったことを示しており、謀叛への疑問はもちろん、藤原氏にとって邪魔者であった、皇位継承権を持ち強大な権限を持つ長屋王を抹殺しようとしたのではないかと考えられる。

長屋王は佐保の大臣とも呼ばれ、佐保に山荘を持っていて、そこにはいろいろな文化人が集まったり、新羅《しらぎ》の使節が来たりして、一種の文化サロン的な場であったといわれる。今回発見の邸宅は四町すなわち一万八千坪の面積を持ち、甲子園球場の一・五倍で、邸のまわりは瓦葺の築地塀がめぐらされている長屋親王宮であったのである。

長屋王邸の生活

長屋王家木簡から浮かび上がる長屋王の生活は、まことに多彩で豪華であった。

食物として運ばれて来た物には、アワビ・カツオ・タイ・スズキ・フナ・イカ・クラゲ・カキなどの魚介類、ノリ・ワカメなどの海草、鹿・猪・キジの肉、梨・桃・胡桃などの果物、キュウリ・ナスなどの野菜があった。特に注目すべきものには、牛乳・蘇・氷があった。牛乳は牧から運ばれたものであろうか。蘇は牛乳一斗を煎じつめて一升にしたもの、乳酸醱酵させたものは酪であった。

氷は各地の氷室《ひむろ》で冬の間に造られたもので、夏期に切り出されて都まで運ばれた。

また邸内には、私有地の管理や家計の事務を行なうための役所のような組織があり、たくさんの使用人がいた。木簡から判断すると、建物には、政所、務所、馬司などがあり、邸内の人々には、家令・書吏・帳内・僧・尼・医師・土師女《はじめ》・奈閉作《なべづくり》・矢作《やづくり》・大刀造・弓造・私兵などがいた。

発掘調査によって正殿以外に、二十棟余があり、夫人と思われる正妻吉備内親王、安倍大刀自、石川夫人の邸もあり、長屋王の結婚形態は妻問婚ではなく、夫人達が複数邸内に居住していたことがわかる。

邸内にいたのは人間だけではなかった。いろいろな動物も飼われていた。犬、馬が何十匹もいたことは言うまでもないが、鶴まで飼っていたことがわかった。平城宮にいたオウムがいたかも知れない（NHK歴史誕生取材班編『歴史誕生1』角川書店、一九八九年）。

長屋王邸は漢詩集『懐風藻』に描かれた世界そのものであったろう。

長屋王とその仲間たちは、相集っては、こういう珍しい動物がいる庭園を眺め、贅沢の限りを尽くした食事を楽しみ、歌や踊りに興じながら詩を吟じ、外国の使節をもてなしたのであろう。

7
藤原貴族と王朝文化

京都御所

藤原道長・頼通の生活

　王朝貴族の全盛期は十一世紀の藤原道長・頼通の時代である。道長や頼通は、娘を天皇の妃に入れて外祖父となった。外戚政治の展開であり、摂政・関白となったため、摂関政治ともいわれる。藤原氏の政治は、摂関家の政所を中心としたため、政所政治とも呼ばれる。またこの時代は、末法思想にもとづく浄土教が展開した時でもあり、阿弥陀堂を中心とする法成寺・平等院等も建立されたことが大きな特色である。

　桓武天皇は政界を一新するために水陸の便に富む長岡京に遷都したが、造営中に主導者藤原種継《たねつぐ》が大伴《おおとも》・佐伯《さえき》氏らに暗殺され、不浄地となり、早良親王《さわらしんのう》の怨霊事件が重なったので、延暦十三年（七九四）新たに平安京を造営した。

　嵯峨上皇の死の際に起きた承和の変により安和の変を経て、兼明親王《かねあきしんのう》排斥事件に至るまでの政変は、藤原北家が他氏を排斥して摂関の地位を獲得し、天皇制を私物化することになった。

　藤原道長は康保三年（九六六）藤原兼家《かねいえ》の五男として誕生した。母は摂津守藤原中正《なかまさ》の娘で、道長には道隆《みちたか》・道兼《みちかね》・超子・詮子などの兄姉がいた。道長は、永延元年（九八七）二十二歳で源雅信の娘倫子と結婚した。また道長は故左大臣源高明の遺児明子とも結婚している。

道長は長徳元年（九九五）右大臣となり、内覧の宣旨を受けた。甥の内大臣藤原伊周と対立するが、翌長徳二年には、伊周を大宰権帥に左遷している。長徳四年（九九八）になると、『御堂関白記』を起筆している。

外戚政治のさきがけとして道長は長保二年（一〇〇〇）には、娘の彰子を一条天皇の中宮とすることに成功している。のち、彰子が皇太后、次女の妍子が三条天皇の女御より中宮となった。長和五年（一〇一六）道長は摂政となり、寛仁元年（一〇一七）には、太政大臣となり権勢をほしいままにした。寛仁二年（一〇一八）次女妍子が皇太后、三女威子が後一条天皇の女御より中宮となった。この時、道長の詠んだ歌、

この世をばわが世とぞ思ふ望月のかけたることもなしと思へば

はあまりにも有名である。

長和五年（一〇一六）、西隣の家司藤原惟憲宅からの出火によって道長の土御門殿が、一宇残さず焼失してしまった。この火事は、南へ一キロメートルほど燃えひろがり五百余軒が焼失したという。しかし、焼失後、諸国の受領たちが道長のもとに火事見舞に訪れ、数日後には再建が始まり、ほぼ二年後には焼失前より大規模の殿舎が出現した。しかもその工事のほとんどは受領らが請け負ったという。さらに新造となった土御門殿には、受領伊予守源頼光が、生活に必要な家具調度の一切を献上したという。

道長の権勢を支えたのは、国司に任命してもらって地方の税収をわが物とした受領階級と、その受領たちが寄進した荘園にあった。

藤原実資《さねすけ》の日記『小右記』万寿二年（一〇二五）七月の条に

天下の地悉く一家《いちのいえ》の領となり、公領は立錐《りっすい》の地なきか、悲しむべき世なり

の有名な一節がある。

治安二年（一〇二二）道長は、法成寺金堂を建立した。いわゆる御堂＝阿弥陀堂である。これによって後世、道長を御堂関白と呼んだ。

万寿四年（一〇二七）十二月四日、道長は六十二歳で没した。鳥辺野で荼毘《だび》にふされ、その遺骨は宇治木幡の浄妙寺墓地に葬られた。浄妙寺は、藤原氏の菩提寺として宇治木幡に建てられた三昧堂を中心とする寺院であった。

道長の死は、少なくとも表面的には大きな変化を政界にもたらすことはなかった。彼はすでに寛仁三年（一〇一九）に出家して政界から引退していた上、長男頼通がその二年前から摂政を引き継ぎ、道長出家の年には後一条天皇の関白となっていたのだから、公卿の陣容には変動はなかった。しかし道長亡きあとの摂関家は、いわばその精神的支柱を失ったようなものであった。

長元九年（一〇三六）四月、後一条天皇は二十九歳で崩じ、同母弟である後朱雀天皇の即位を見た。翌年、皇太子としては道長の娘嬉子が生んだ親仁親王が定められ、頼通はいぜん関白の任にあった。

しかし、多くのすぐれた娘を持った道長に比べて、頼通はきわめて不運で、後朱雀天皇即位の時までには、一人の娘も持たなかった。やむを得ず頼通は、妻の縁できわめて関係の深かった敦康親王の娘、自分にはめいに当たる嫄子《げん》を養女として後宮に送りこんで中宮に立てようとした。しかし嫄子には、皇女こそ生まれたが皇子の誕生を見ず、長暦三年（一〇三九）二十四歳の若さで死んだ。やがて、藤原氏一族の皇子誕生がなく、ついに後三条天皇の即位によって外戚の地位を失った。後三条天皇は、父は後朱雀天皇、母は陽明門院禎子内親王で、藤原氏と直接関係がないため天皇親政の強化につとめ、延久元年（一〇六九）、藤原氏の経済基盤をくずそうとして、「荘園整理令」を出し、「記録荘園券契所」を設置した。

道長の没後、頼通はその別荘を受けついだが、永承七年（一〇五二）別荘を転じて、その寝殿の仏堂とし、平等院と名づけた。当時の風潮として、別荘には起居する場である住居の部分と仏堂が建てられた。それも子女や婿などの近親者から造進されるものも多かったようで、頼通自身は寝殿を変えて平等院本堂としたもの以外に、天喜元年（一〇五三）阿弥陀堂（鳳凰堂）を供養し、さらに天喜四年（一〇五六）法華堂を建てている。

宇治平等院

この世の極楽といわれた宇治平等院は、永承七年出現した。その中心鳳凰堂は、屋根上の鳳凰にち

宇治平等院

なむ名とも、その建物の造形が鳳凰が羽根を広げた形ともいわれるが、鳳凰堂壁扉画の中に描かれる極楽の阿弥陀如来の居館とうり二つの形をしている。すなわち、鳳凰堂とは、この世に出現した阿弥陀如来の居館たる極楽の建物の再現そのものなのである。

　鳳凰堂は天喜元年（一〇五三）建立された阿弥陀堂で、平等院創建当時の現存唯一の建物である。軽快で優美な姿は平安貴族たちが夢にまで見たあこがれの極楽浄土の宮殿である。当時は、阿弥陀堂の他に本堂、法華堂、不動堂、経蔵など堂塔が建ち並び、その境内は、旧宇治町の大半にわたり実に広大なものであった。しかし建武三年（一三三六）楠木・足利の戦に建物の大半が焼失して、現在は鳳凰堂と呼ばれる阿弥陀堂と鎌倉時代の観音堂と鐘楼のみが残る。庭園は史蹟名勝に指定されている平安時代庭園の遺構で、御堂と阿字池を中心に、宇治川の清流、前の山々を取り入れた雄大な貴族好みの借景庭園である。

　本尊阿弥陀如来像は藤原時代を代表する仏師定朝晩年の傑作である。像高は約三メートル、寄木造漆箔で、円満な顔面、身体の各部が調和し、安定感があり流れるような衣文の美しさにも優美で親しみのある雰囲気がある。阿弥陀如来の頭上には、丸と四角を組み合わせた豪華な二重天蓋《てんがい》がある。天

宇治橋と清流

蓋のすばらしさは、螺鈿で宝相華《ほうそうげ》をあらわし、木彫透彫宝相華文様の垂板を用い、華やかに、しかも繊細で藤原最盛期工芸の粋がしのばれる。阿弥陀堂内部は、周囲の扉、板壁の絵を始め、柱、壁、天上にも華やかな文様が描かれていたが、九百年余の間に剝落変色して今日に至った。

雲中供養菩薩像五十二体は、長押《なげし》上で雲に乗り、歌ったり、踊ったり、楽器を奏でたりして変化に富み、室内は極楽浄土の様がうかがえる。

鳳凰堂内部の周囲の扉や壁には、九品来迎図《くぼんらいごうず》が描かれている。宇治付近の山水を背景に、ゆるやかに来迎する聖衆の姿などが、きわめて写実的に描かれている。完成された大和絵として現存する最古のものであり、絵画史上貴重な作品である。

平等院鳳凰堂は、藤原貴族の王朝文化の残存する現存最大の最高の遺跡である（宇治市編『宇治市史』第一巻、宇治市、一九七三年）。

8

絵巻物のおもしろさ

——「信貴山縁起絵巻」の世界——

「信貴山縁起絵巻」

「信貴山縁起絵巻《しぎさんえんぎえまき》」は奈良県の朝護孫子寺の縁起にまつわる絵巻で、現在同寺蔵の国宝である。日本の絵巻物の最高傑作の一つである。

この絵巻は、大和国信貴山に毘沙門天を祀った命蓮《みょうれん》という高僧の奇蹟談と、その姉との再会物語、および延喜帝（醍醐天皇）の病気の加持祈禱を命蓮が行なった話が題材となっており、第一巻「飛倉《とびくら》の巻」、第二巻「延喜加持《かじ》の巻」、第三巻「尼公《あまぎみ》の巻」で構成されている。

第一巻は、命蓮は信貴山にこもったまま里にも出ないが、不思議な法力をもって鉢を飛ばし、それに里から食物を運ばせていた。ある時、大山崎（京都府）の長者の家で、この鉢を米倉の中にほうりこんだまま放っておいたので鉢は飛び出て、米倉をのせて信貴山に運んだが、命蓮は長者の願いをいれて中の米俵をまた空を飛ばせて長者の家にもどしてやったという物語。

第二巻は、延喜の帝《みかど》（醍醐天皇）が重病にかかられ、その平癒の祈禱を求められた命蓮が、法力によって剣の護法という童子（仏法守護のために使われる童子姿の守護神）を宮廷に遣わし、たちまち帝の病気をなおし、しかも恩賞を固辞してますます修行に励んだという物語。

第三巻は、二十数年前故郷の信濃を出たまま消息を絶っている弟命蓮をさがし求めて、姉の尼が奈良の都に上り、東大寺に参籠して大仏の夢のお告げで信貴山にゆき、めでたく弟とめぐり会い余生を共にしたという話を描いている。

以上のようにこの絵巻は三巻からなっているが、それぞれ独立した話を記し、充実した説話内容を示しながら、三巻相寄って説話の発展をみせている。

絵は大和絵固有の流暢な描線を自由にこなし、人物の表情や姿態の表現は躍動的に描かれている。また画面は多く流動的な構図法を用い、時間的に発展する物語を造形的に処理することに成功し、絵巻物の妙味をあます所なく発揮している。

「源氏物語絵巻」と比べて、その内容、様式あらゆる点で対照的であり、「源氏物語絵巻」と相並んで絵巻遺品中の双璧といわれる。

絵の筆者は、古くから鳥羽僧正覚猷《かくゆう》（一〇五三〜一一四〇）と言われて来たが、近年諸説が出ている（『週刊日本の美をめぐる　信貴山縁起と伴大納言絵巻』小学館、二〇〇二年）。

『今昔物語集』の中に「信貴山縁起絵巻」の典拠となった話がある。

「修行僧明練初めて信貴山を建つる語《こと》・第三十六」には次のように書かれている。

今は昔、仏道修行の僧があった。名を明練という。常陸国の人である。心に深く仏道成就の願いをいだき、故郷を離れ諸国の霊験ある所々を修行し歩いているうちに大和国までやってきた。□郡の東の高い山の峰に登り四方をながめていると、西の山の東斜面にそって一つの小山がある。その山の上に五色の不思議な雲がおおっている。明練はこれを見て、「あそこはきっと非常にすぐれた霊験の地であろう」と思い、その雲を目印に尋ねて行くうち、やがてその山の麓に着いた。山に登ろうとしたが、人の足跡もない。だが草を分け木にすがって登って行くと、山の上にまだあの雲がある。そこを目ざして登り続け、頂上に立ってながめると、東西南北ははるかに深い谷が落ちこんでおり、峰が一つある。この峰にこの雲がおおっていた。「ここにどういうことがあるのだろうか」と疑念をいだき、近寄って見たが何一つ見えない。ただ香しいかおりだけが山いっぱいに満ちている。そこで明練はますます不思議な気がして、霊験を起こしているもとを尋ね出そうとあちこち見るが、木の葉が一面に積もっていて地面も見えず、ただ表に突き出ているものは大きくそばに立った岩だけである。ところが、ふり積もった木の葉をかきのけて見ると、木の葉の下の岩の間に一つの石櫃がある。長さ二尺ばかり、幅三尺ばかり、高さ三尺五寸ばかり。櫃の形を見ると、この世のものとは見えない。櫃の表面の塵を□て見ると、「護世大悲多聞天」と銘がある。これを見るや、何ともいえず尊くありがたい思いがした。さてはこの櫃がここにおありになったので、五色の雲がおおい、すばらしいかおりがしたのだと思うと、雨のように涙がこぼれ落ち、泣く泣く礼拝して、「わたしは、長年仏道修行をしながら多くの場所を歩き回ったが、まだこのような霊験の地を見たことがない。それなのに、今ここに来てまれに見るすぐれた瑞相を見、多聞天のご利益をこうむることになった。それゆえわたしはもはや他の所へは行くべきではない。ここで仏道修行して命を終えよう」と思い、すぐさま柴を折って庵を造り、そこに住みつくようになった。そしてまた急いで人夫を呼び集め、その櫃の上に堂を建てておおった。

大和と河内の両国のあたりの人がいつしかこのことを聞き伝え、みな協力してこの堂を建てたので、たやすくでき上った。明練はその庵に住んで修行していたが、世の人々はみな彼を尊び供養するのであった。もし供養する人のない時は、明練は鉢を空に飛ばして食をもって来させ瓶を水汲みに遣って修行していたので何の不自由もなかった。

今の信貴山というのはこの寺である。霊験あらたかで、供養の後は、今にいたるまで多くの僧が来て住み、僧房を造り連ねて住んでいる。ほかの所からも頭を垂れ足を運んで参詣する人が多い、とこう語り伝えているということだ。

（日本古典文学全集『今昔物語集』(1)、小学館、一九七一年）

絵巻物の成立背景には、平安時代の説話文学や物語文学があることが指摘されるが、「信貴山縁起絵巻」は、『今昔物語集』や『古本説話集』に見られる「明練（命蓮）」の物語が元になっていることがうかがえる。

このように平安文学の背景をもとに、大和絵の手法を用いてこの絵巻物が成立した。

「信貴山縁起絵巻」は、その物語性、絵画表現ともに、現代のアニメ文化に匹敵するような芸術性の高い作品であるといわれる。

9

奥州藤原氏と源平争乱

『平家物語』

祇園精舎《ぎおんしょうじゃ》の鐘《かね》の声、諸行無常《しょぎょうむじょう》の響《ひびき》あり、
娑羅双樹《しゃらそうじゅ》の花の色、盛者必衰《じょうしゃひっすい》の理《ことわり》を現す、
おごれる人も久しからず、只春の夜の夢の如し、
たけき者も遂にはほろびぬ、偏《ひとえに》風の前の塵《ちり》に同じ、

『平家物語』は、仏教的歴史観で貫かれている。「平家一門にあらざらん人は人非人なるべし」とおごり高ぶった平家一門も、長門壇ノ浦のもくずと消え去った。そこには「諸行無常」観と「盛者《じょうしゃ》必衰」の理《ことわり》を見ることができる。

源頼朝の挙兵

治承四年（一一八〇）八月十七日、頼朝が派遣した武士達は、伊豆国の目代平兼隆《たいらのかねたか》を夜襲した。頼朝の反乱を鎮圧するため、平家は平維盛《たいらのこれもり》を大将軍とする追討軍を派遣した。これに対し頼朝は甲斐《かい》源氏一門と連繫し、二十万の軍勢を率いて、駿河国富士川に出陣した。富士川合戦に敗れた平家は、その威信を失い、内乱は全国に拡大することとなった。

寿永二年（一一八三）五月、加賀と越中との境で、平維盛の率いる大軍が、木曽義仲《よしなか》の軍勢に大敗した。義仲は敗走する平家を追って一挙に京都に攻め上った。

七月二十五日、平家はあわただしく西海に落ち延びた。平家にかわって北からは義仲が、南からは源行家《ゆきいえ》が京に入った。

寿永三年（一一八四）一月、源義経《よしつね》・源範頼《のりより》が京都の義仲を攻め、義仲は近江粟津に敗死した。この時の宇治での合戦が「宇治川の先陣」である。

義仲を滅ぼした源頼朝は、全国にわたる平家没官領《もっかんりょう》を獲得、東軍における武力の独占的支配権も獲得した。

やがて文治元年（一一八五）三月、長門壇ノ浦に平家を滅亡させ、守護地頭の設置が認められた。こうして建久三年（一一九二）七月、征夷大将軍となった頼朝は、鎌倉に幕府を開き、鎌倉時代の始まりとなるのである。

宇治川の先陣

『平家物語』の名場面に「宇治川の先陣」がある。

源義経《よしつね》率いる源義仲《よしなか》への追討軍が宇治橋に到着した所から、物語ははじまる。

義仲追討軍の大手の大将軍は源範頼《のりより》、搦手《からめて》の大将軍は源義経であった。

宇治川は正月二十日余りのこととて、雪解け水で大河となりゴーゴーと流れている。義経は自軍に向かって、「淀へ廻り道をしようか。水の落足を待とうか。」と問いかける。ふとその時、佐々木高綱《ささきたかつな》と梶原景季《かじわらかげすえ》がそれぞれ「いけずき」と「する墨」という名馬に乗って、宇治川へ先陣を争う。畠山重忠の軍も急流の中へ馬筏を組みながら突き進んだ。

やがて佐々木高綱に馬の腹帯《はらおび》ののびていることを指摘され立ち止った梶原景季に先んじて、佐々木高綱が先陣を果たす。

佐々木高綱はあぶみをふんばり立ち上り、「宇多天皇より九代の後胤、佐々木三郎秀義が四男、佐々木四郎高綱、宇治川の先陣ぞや。われと思わん人々は高綱にくめや。」と大音声で名乗りをあげたという。

一方畠山重忠《はたけやましげただ》も河を渡る中、背中に大串重親《おおぐししげちか》がしがみついて来る。重忠は重親をつかみ上げて上陸させた。大串重親も名乗りをあげ、「武蔵国の住人、大串次郎重親、宇治川かちたちの先陣ぞや。」と言ったものだから、これを聞いた敵も味方も大笑いをしたという。

畠山重忠は義仲の臣長瀬重綱と戦い、これを敗り首をあげた。これをはじめとして義経軍は義仲軍を次々と撃破したため、義仲軍はちりぢりとなり、木幡山や伏見をめざして逃げのびて行った。

『平家物語』の中でも、鎌倉武士の姿を描いた名場面で、先陣という名誉を得るため、味方をあざむいてでも手柄をたてることや、武士団が棟梁を中心に結束して戦う団結性をよく示している。

奥州藤原氏

奥州藤原氏は前九年の役で安倍貞任にくみして討たれた藤原経清の子清衡が、後三年の役の時、源義家に加勢し、奥羽両国の支配権を掌握、平泉に居を構え、陸奥六郡を支配下におき、摂関家の庇護のもとに勢力を拡大、以後清衡・基衡・秀衡の三代にわたって勢力を拡大維持し、秀衡は鎮守府将軍陸奥守に任ぜられ、名実ともに陸奥の主となった。四代目泰衡の時、源頼朝によって滅亡させられた。

初代藤原清衡（一〇五六〜一一二八）

後三年の役における主要人物の一人。平泉藤原氏の始祖。清衡は安倍氏の遺領陸奥の奥六郡と清原氏の遺領出羽山北ともあわせ領有することにより、亡父（藤原経清）の藤原姓を名のり、居館を平泉に定め、中尊寺造営をなし遂げ、いわゆる平泉文化の基礎をきずいた。大治三年（一一二八）七月十三日病没。七十三歳。

二代藤原基衡（生没年不詳）

清衡の子。六郡・出羽押領使であったと伝わる。大治三年清衡没後以降、保元二年（一一五七）頃まで平泉にあって奥羽に君臨した。基衡の財力は毛越寺建立に際立ち、その本尊薬師像は見事な出来栄えの故、鳥羽院は貴族らの奥州下りを禁じたという。中尊寺金色堂に遺体をおさめる。

三代藤原秀衡（?～一一八七）

奥州藤原氏の三代目当主。保元二年（一一五七）、父基衡死去のあとをうけて、奥六郡の主となり、出羽・陸奥の押領使として、両国を管理することになった。秀衡の館は金色堂の正方、無量光院の北にあり、平泉館とよばれた。無量光院は秀衡の持仏堂。

四代藤原泰衡（?～一一八九）

奥州藤原氏最後の当主。藤原秀衡の次男。文治五年（一一八九）閏四月三十日、泰衡の兵数百騎は義経の衣川館を襲った。秀衡の遺言が実行されなかったのは、泰衡が鎌倉方の圧力に屈伏したためとされる。同五年八月二十一日、頼朝の攻撃によって、平泉は陥落。館に火を放って北方に逃れた泰衡は、翌九月三日比内郡贄《にえのさく》柵で殺された。

奥州平泉

奥州藤原氏三代藤原清衡・基衡・秀衡の造営になる平泉の都市は、東日本一のにぎわいを呈していた。当時、それに比べることのできる都市は、京都と博多があっただけである。

平泉には、中国大陸から博多を経由して、大量の陶磁器類が運ばれて来た。北方の海からは海豹《あざらし》皮・昆布・鮭などが、同じく北方の大地からは砂金・駿馬・鷲羽などが平泉に集められて京都をめざした。

金売の吉次の伝承などは、平泉の砂金を京に運ぶ商人の存在を物語っている。砂金の一部は海を越えて大陸にまで運ばれて行ったという。

東日本最大の都市の中心に位置する「平泉館（ひらいずみのたち）」は、奥州藤原氏の居館であり、同時に奥州統治の政庁でもあった。

入間田宣夫氏の「平泉『柳の御所』の発掘によせて」（『歴史と地理』四三九号、一九九二年）および斎藤利男氏の『平泉―よみがえる中世都市―』（岩波新書、一九九二年）を参考として発掘成果を見てみよう。

奥州平泉北上川付近

奥州藤原氏の滅亡

源頼朝は、陸奥・出羽をおさえる藤原秀衡に対して、京都へ進上する貢馬・貢金をまず鎌倉まで送り届けるよう要求した。

しかし、秀衡は頼朝との決戦を決意したのか文治三年（一一八七）春に、逃亡中の源義経を受け入れている。義経にとって不運なことは、この年十月に秀衡が亡くなったことである。秀衡には二人の息子国衡・泰衡がいた。死に際し、弟の泰衡に跡をつがせ、兄の国衡には、自分の妻を譲った。義経が大将軍として国務をとり、泰衡・国衡兄弟が協力して頼朝に対抗するよう遺言したのである。

しかし、頼朝は奥州藤原氏に対して、義経を逮捕して差し出すよう圧力を加え続けた。この結果、泰衡はついに文治五年（一一八九）閏四月、衣川の館に義経をかこみ、これを自害させた。

頼朝はこの際奥州藤原氏を征討することを決意、七月軍勢は三手にわかれて鎌倉を発った。八月十二日、陸奥国伊達郡阿津賀志山で、国衡が敗死した。頼朝は逃れる泰衡を追って多賀国府に入った。八月二十一日、泰衡は逃亡の途中平泉を過ぎ、ここに火をかけて三代の旧跡を焼き払い、翌八月二十二日頼朝は平泉に入った。

泰衡は許しを乞うたが、頼朝は拒否、九月三日泰衡は陸奥国比内郡贄柵《にえのさく》に河田次郎をたよったが、ここで河田の手によって殺された。ついに奥州藤原氏は滅亡したのである。

柳の御所跡付近の発掘

昭和六十三年（一九八八）十一月、奥州平泉、北上川に沿った台地上の通称「柳の御所跡」から、奥州藤原氏の居館が見つかったニュースは全国へ飛びかった。御所跡のまわりを巨大な堀がめぐっていることがわかり、みごとな橋の跡も出た。

調査二年目、平成元年（一九八九）度の発掘では、東側の堀がさらに北へ延びていることがわかり、そこにも橋脚跡がみつかって、遺跡東側の北上川沿いの場所に船をつける港のような施設があったのではないかと考えられた。また、遺跡の中央部近くからは、立派な塀の跡が出土し、内側には池の跡がひろがっていることもわかった。

調査三年目の平成二年（一九九〇）は、すばらしい発見があいつぎ、柳の御所跡が一躍全国的に注目を集めた年であった。まず前の年にみつかった池の跡が全面的に発掘されて、馬蹄形をした池の全体が姿を現した。そして池には三時期の重複があること、新しい時期には玉石を敷き景石を配した流水型の池となっていたこと、そこでは「曲《きょく》水《すい》の宴」のような宴会が行なわれていたであろうこと、等々の事実があきらかになった。池の北側の一段高い地層からは、礎石をもつ大規模な掘立柱の建物跡が出土し、地鎮・鎮壇具を埋めた跡も出て来た。

奥州平泉柳の御所跡

奥州平泉柳の御所跡遠景

井戸跡からみつかった板絵には、寝殿造の建物が描かれている。さらに井戸跡からは、茜染めの衣類を一門・家臣に分配した書き上げとみられるものや、宴会の際の「はやし歌」を記した板も出土した。この池跡を囲む一帯こそ、柳の御所跡の中心部、平泉に君臨した藤原一門の活動の中枢であったことがいよいよ確かなものとなった。

一方柳の御所跡の西北、高館丘陵東南麓の地区では、区画溝で囲まれ、内側に建物跡をともなった遺構が数多くみつかった。

平泉館をとりまく長大な堀は、安倍・清原など、北奥羽の軍事首長の城柵においても存在していた。たとえば、前九年の役最後の合戦場となった安倍貞任の厨河柵《くりやがわのさく》においては、台地をとりまく堀の底に剣を立て、鉄片をまき、攻め上る敵兵に対しては石を投げ、熱湯をそそぐなどのことがあった（『陸奥話記』）という。

平泉館の中心部分は、堀の内側の、しかも板塀によって区画された特別のスペースにあった。京都の貴族を想わせる寝殿造風の建物、そして付属の工房群（鍛冶・漆・金工・染色など）の存在が、発掘によって確かめられている。

政庁は同時に、京都風の儀礼や宴会がくりひろげられるハレの場でもあった。使い捨ての土器《かわらけ》・折敷《おしき》・箸がうず高く積み上げられる光景が展開していた。

かわらけとは、古代の土師器《はじき》と同じ質の焼き物で、それ自体は粗製の土器にすぎない。だが、中世という時代、この土器は、かつての土師器とはまったく違う使われ方をされていた。それは、都市住民の世界の中で、もっぱら「使い捨て容器」として大量に使用されたらしい。特に宴会の席で用いる皿・盃や儀式の際の容器として重宝されていた。

これまで、かわらけが大量に発見されたのは京都・鎌倉など、おもに中世の大都市の生活遺跡であった。かわらけとは、中世日本の「都市型消費生活」を象徴する遺物である。かわらけの出土は、そこが中世において都市的な場所だった有力な証拠である。昔から平泉は「みちのくの古都」といわれ、京都・鎌倉にも匹敵する大都市があったとされてきたが、一〇トンという大量のかわらけの出土は、この地にまぎれもなく中世の壮大な都市世界が実在したことを証明する。

文治五年（一一八九）九月十七日、源忠已講・心蓮大法師など中尊寺・毛越寺の僧が、源頼朝の求めに応じて提出した「清衡已下《きよひらいか》三代造立《ぞうりゅうどうしゃ》堂舎の事」を記した『寺塔已下注文《じとういかちゅうもん》』には、次のように記されている。

館の事秀衡

金色堂の正方、無量光院の北に並べて、宿館を構う平泉館と号す、西木戸に嫡子国衡の家あり、同四男隆衡の宅これに相並ぶ、三男忠衡の家は、泉屋の東にあり、無量光院の東門に一郭を構う加羅御所と号す、秀衡の常の居所なり、泰衡これを相つぎ居所となす、

奥州平泉無量光院跡

現在の無量光院跡の東に、「伽藍の御所跡」といわれる一画があり、その北には「柳の御所跡」が位置している。『寺塔已下注文』には、「柳の御所」の記載はないが、位置関係からみて、伽藍の御所跡が『注文』にいう「加羅御所」、柳の御所跡が「平泉館」にあたると考えられる。

▽平泉館

秀衡の宿館すなわち平泉館は、金色堂の西方にあったらしい。平泉館は政庁であったらしい。館のある台地の続きには、国衡・隆衡らの家宅が並んでいた。秀衡の息子らの住まいするこの特別の区画は、堀によって館から離れていた。

▽加羅御所

平泉館の台地から橋を渡って猫間淵の低湿地を越えた南隣の台地の上には、「加羅の御所」の居宅があった。秀衡・泰衡の「常の居所なり」とある。奥州藤原氏の当主は、日常はここに住んで、政務や儀礼のある時にだけ橋を渡って平泉館へ赴いたのであろうか。

▽御堂

加羅の御所の西方、平泉館から見れば南方には、新御堂の無量光院があった。無量光仏、すなわち阿弥陀仏を安置するこの寺院建築は、宇治平等院の拡大コピーであった。

奥州平泉には、壮大な地方豪族の首都文化が栄えていた。京都の貴族に匹敵する寝殿造の御殿をもつ城柵、平等院に並ぶ阿弥陀堂、中尊寺や毛越寺を中心とする仏教文化が存在したのである。源平争乱のおもしろさは、歴史文学『平家物語』によって味わうことができる。その『平家物語』に描かれた世界は、平安末から鎌倉初期に至る武士達の活躍した社会である。

鎌倉幕府成立の背景には、奥州藤原氏の滅亡があった。私は幸いにも奥州藤原氏の首都平泉の発掘現場を見学することができた。遺跡や遺物から、まさに「夏草や兵《つわもの》どもが夢の跡」を実感することができた。私達は奥州平泉を訪ねることによって、「奥州藤原文化」を体感することができるのである。

10

南北朝動乱と楠木正成

南北朝動乱

南北朝動乱は、正中元年（一三二四）九月に始まる。この年九月、朝廷内で倒幕計画が発覚した。六波羅探題は、土岐頼兼らを殺し、日野資朝・俊基らを捕えた（正中の変）。

ついで元弘元年（一三三一）五月、再び日野俊基・僧文観らの倒幕計画が露顕し捕えられた（元弘の変）。

元弘元年八月、六波羅の兵が御所を包囲しようとした時、後醍醐天皇は逃れて南都に赴き、ついで山城国笠置寺に移った。

しかし逃れる途中後醍醐天皇は捕えられ、六波羅へ送られ、神器を量仁親王に譲ることを強要された。天皇は隠岐へ、尊良親王は土佐へ、尊澄法親王（宗良親王）は讃岐へ流された。代わって北朝光厳天皇が立てられた。

しかし、元弘三年（一三三三）閏二月、後醍醐天皇は隠岐を脱出して伯耆へ上陸することに成功した。

後醍醐天皇の隠岐脱出と時を同じくして、全国各地で反幕府の兵乱が起こった。

楠木正成の活躍

『太平記』は楠木正成を河内国金剛山の西に住み弓箭をとって名をなした者と記している。正成の本拠地が金剛山の麓、河内国千早赤阪村付近にあったことは、間違いなかろう。

正成の正体は謎のままである。「楠河内入道」が播磨国大部庄に乱入したり、「楠木兵衛尉」が和泉国若松庄に出没したりと「悪党」と呼ばれるその一党の動静が史料に伝えられる。

千早赤阪村付近では水銀の原料となる辰砂《しんしゃ》を産し、それら鉱物を売買することで富を成したと推定されてもいる。

元弘二年（一三三二）末、正成は千早城に挙兵した。正成は畿内各地の在地領主層や、土地の地理に詳しい野伏らを起用して千早城・赤坂城に楯籠って戦っている。

『太平記』巻第三　〇赤坂城軍《いくさ》の事

究竟《くっきょう》の射手を二百余人城中に籠て、舎弟の七郎と、和田五郎正遠とに、三百余騎を差副て、よその山にぞ置たりける。寄手は是を思もよらず、心を一片に取て、只一揉《ひともみ》に揉落さんと、同時に皆四方の切岸の下に着たりける処を、櫓の上、さまの陰より、指つめ引つめ、鏃を支て射ける間、時の程に死人手負千余人に及べり。（中略）

寄手十万余騎を分て、後の山へ指向て、残る二十万騎稲麻竹葦の如く城を取巻てぞ責たりける。卦《かかり》けれども城の中よりは、矢の一筋をも射出さず、更に人有《あり》とも見へざりければ、寄手弥《いよいよ》気に乗て、四方の屛に手を懸《かけ》、同時に上越《のぼりこえ》んとしける処を、本より屛を二重に塗て、外の屛をば切て落す様に拵たりければ、城の中より、四方の屛の鈎縄を一度に切て落したりける間、屛に取付たる寄手千余人、厭に打れたる様にて、目許はたらく処を、大木・大石を抛懸《なげかけ》々々打ける間、寄手又今日の軍《いくさ》にも七百余人討たれけり。

『太平記』○赤坂城軍《いくさ》の事によると、赤坂城に楯籠った正成軍は北条軍三十万騎を迎え討ち、塀を二重に作って待ち受け敵軍が攻め上ると塀を切り落し、大木・大石を投げかけて散々な目に会わせたと書かれている。

小人数の正成軍は地の利にたけた山城で、ゲリラ戦的な反撃に功を奏したことが考えられよう。

『太平記』巻第七　○千剣破城軍《ちはやのしろいくさ》の事

軈《やが》て早りおの兵共五六千人、橋の上を渡り、我先にと前だり。あはや此城只今打落されぬと見へたる処に、楠兼て用意やしたりけん、投松明のさきに火を付て、橋の上に薪を積るが如くに投棄て、水弾《みずはじき》を以て油を滝の流るゝ様に懸たりける間、火橋桁に燃付て、渓風炎を吹布たり。なまじいに渡り懸りたる兵共、前へ進んとすれば、猛火盛に燃て身を焦《こが》す。帰んとすれば後陣の大勢前の難儀をもいわず支たり。そばへ飛をりんとすれば、谷深く厳《いわお》そびへて肝冷し、如何せんと身を揉で押あふ程に、橋桁中より燃折て、谷底へどうど落ければ、数千人の兵《つわもの》同時に猛火の中へ落重て、一人も残らず焼死《やけし》にけり。その有様偏に八大地獄の罪人の刀山剣樹につらぬかれ、猛火鉄《もうかてっ》湯《とう》に身を焦す覧も、角やと思い知られたり。

一方、千剣破（早）城においても、数千人の北条軍を橋を渡るまで待ち受け、そこへ投松明《なげたいまつ》を放ち、油を投げ懸けたので、橋が燃え落ち、一人残らず焼死したとも書かれている。

『太平記』に描かれた河内の土豪楠木正成の姿は、古来「兵記文学」として親しまれている。南北朝動乱の中で活躍して消え去って行った河内の楠木正成は、謎の人物であるだけに、その実像を追求することは、日本史の興味あるテーマである。

足利尊氏は、元弘三年（一三三三）五月京都に突入、六波羅探題は壊滅した。新田義貞は同年五月、鎌倉を攻撃、最後の執権北条高時は、北条氏歴代の墓所東勝寺へ移り、燃えさかる屋形を前に、一族二百八十余人とともに自害して果てた。

ここに鎌倉に拠を置いた幕府は壊滅した。

延元元年（一三三六）五月には、楠木正成は弟正季、子息正行らとともに尊氏軍を迎え討った。摂津桜井駅において正行を河内に帰し、腹心の部下七百騎からなる決死戦を組織し、兵庫に向かった。

湊川の合戦において、東征する足利尊氏軍と戦ったが、激烈な合戦ののち、弟正季ら一族郎等とともに自害して果てた。

南北朝動乱に突如現れて、またたく間に消え去った楠木正成は、謎の人物である。

しかし、現在の河内地方には、赤坂（阪）城・千早（剣破）城をはじめ、数々の遺跡が残っている。千早赤阪村の森屋地区の墓地には、楠木正成の建立した敵味方の供養塔（寄手塚・身方塚）が、今も地域の人々によって守られている。

また千早赤阪村には、楠木正成が産湯に使ったといわれる井戸などの伝承地が残っている。

南北朝動乱の時代には、楠木正成に代表されるような新興の武士階級が台頭したことが指摘できるのである。

彼等は鎌倉幕府や荘園領主からは秩序や治安を乱す者として「悪党《あくとう》」と呼ばれた。

楠木正成は、水銀などの鉱物の商工業にもかかわり、その勢力拡大とともに周辺の荘園にも侵略するような河内の土豪の一人であったと推察できる。

しかし、金剛寺や勧心寺などの真言宗寺院にも出入し、学芸も身に着けて「朱子学」も学んだような地域の知識階級の一人でもあった。

11

足利義政と東山文化

東山文化

室町後期の文化は、将軍足利義政の東山山荘にちなんで東山文化と呼ばれる。

学芸の分野では、連歌や古典研究が盛んとなり、宗祇《そうぎ》や一条兼良、三条西実隆等が傑出した。建築・庭園では、東山山荘（のちの銀閣寺）などの書院造とこの時期の禅宗寺院に作庭された枯仙水《かれせんずい》庭園、美術では水墨画の隆盛があげられる。一方、芸能では、前代以来の猿楽や立花が発展し、書院茶礼は草庵茶の湯へと変化を遂げて行った。

今日私達が日本的文化と呼ぶもののほとんどがこの時期に隆盛している。東山文化は戦国期以降、次第に地方に伝播して、それぞれの領国文化を生みだしながら、やがて日本的生活文化と呼べるものを形成して行った。

室町殿跡

東山文化を探求することによって、室町文化の特色ひいては日本的文化誕生の背景を探ってみよう。

足利義政の東山山荘

文明八年（一四七六）の室町殿（花の御所）炎上以後、足利義政は文明十二年（一四八〇）の正月まで小川《こかわ》御所に居住していた。この翌年文明十三年十月二十一日、義政は岩倉長谷《いわくらながたに》の聖護院《しょうごいん》山荘に隠居している。そして、その三カ月後の文明十四年二月四日に、東山山荘の造営を開始した。

しかし、義政の山荘造営構想は、すでに寛正六年（一四六五）から見られる。その年八月十日、蔭涼軒主季《き》瓊《けい》真蕊《しんずい》に命じて東山恵雲院付近の地形を検分させたことがある。『蔭涼軒日録』同年八月十日条によると、恵雲院の地が山荘に適している旨を、結城勘解由左衛門尉が義政に上申した所、蔭涼軒主季瓊真蕊に対してその地を一覧せよとの命が下り、結城左衛門尉と同朋衆千阿弥を同道して、真蕊がその地を検分したことがわかる。

ついで同年八月には、東山山荘の造営にあたり、河原者等が近衛家領五ケ庄・下桂庄人夫とともに徴発されている。さらにこの年、奉行人の斎藤豊基・松田数英が義政の命で美濃に下向して山荘造営の材木を求めている。

しかし、この山荘造営は中断された。いや中断せざるを得なかった。応仁・文明の大乱がおこったからである。その後に山荘造営の記事が見られるのは、文明十二年（一四八〇）である。

文明十二年十月になると、義政は岩倉・嵯峨等を検分して山荘造営を実現しようとしている。

こうした中で、文明十三年（一四八一）十月二十日、義政は夜陰密かに山城岩倉長谷の聖護院山荘に移住した。御供の四、五人以外全く知らない事件であったが、岩倉隠棲の理由については、将軍義尚が義政からの健康についての教訓を聞かなかったためか、御台富子との不和がおこったためかとの噂がおこっている。

この岩倉隠棲決行の時、義政の胸中には、山荘造営の決意があったと思われる。なぜなら、わずか三カ月後の翌文明十四年二月四日、義政は積年の夢であった山荘＝東山山荘の造営に着手しているからである。

明けて、文明十四年正月、義政は山荘造営の地を東山浄土寺と決定し、二月四日工事が始まった。二月二十五日、義政は西賀茂正伝寺に方違いし、浄土寺に渡御して、敷地普請等を観ている。義政の長年の宿願がかなない、さも気もはずまんばかりであったに違いない。八月十九日には立柱上棟が行なわれた。

東山山荘水道管跡の発見

翌文明十五年六月二十七日、居住する常御所ができ上ると、付帯工事などが整わないにもかかわらず、義政は東山山荘に移徙した。六月二十七日、東山山荘常御所に移った義政は、二十八日には後土御門天皇から「東山殿」という称号をもらい、これ以降義政はその山荘ともども「東山殿」と呼ばれることになった。これに対して将軍義尚が「室町殿」と呼ばれた。二十九日には、義政の東山山荘移徙に対する公家・寺社が挨拶のため群参したのであった。これ以降、義政は東山山荘に留まりながら、死去するまでその造営と築庭に執念を燃やし続けた。

完成なった東山山荘には、東求堂・会所・泉殿・観音殿（銀閣）・西指庵・超然亭・釣秋亭などの建物が建っていた。

東求堂は持仏堂として阿弥陀如来が祀られ、その隣には義政の書斎たる同仁斎が設けられた。同仁斎は、書院造の典型であり、明り障子を開ければ、山荘の庭園が一幅の絵となって現れる。この東求堂同仁斎と持仏堂が、義政が晩年をすごした居住空間であり、彼の精神が建物のすみずみにまで現れている。

東山山荘園池跡の発見

東求堂の特色は、次の三つにまとめることができよう。

第一に、義政晩年の世界観の具象化であり縮図であるこの東山山荘において、東求堂が種々の点から見て山荘のすべてのそこに帰一する焦点的位置を占めている。いわば山荘構成の結晶核である。

第二に、義政の浄土教信仰の具現である。義政の持仏阿弥陀三尊を安置した阿弥陀堂の十枚の障子には、善導の「観無量寿仏経疏」に基づいて十僧図が描かれ、その前庭の池には蓮が植えられ、まさしく弥陀の西方極楽浄土の荘厳を地上に現成することを意図している。

第三に、東求堂という名称そのものが、念仏による西方往生思想に胚胎している。すなわち「東方の人、西方に極楽浄土を求む」という意味である。

東山山荘における観音殿は、のち銀閣と呼ばれる。室町殿（花の御所）においても、観音殿が造営されていた。義政二十四歳の長禄三年（一四五九）四月、室町殿が完成すると、相国寺の観音殿を移築している。

東山山荘の観音殿は、当初から計画されていたのであろうが、それが具体化されたのは、東求堂はじめ、西指庵・超然亭・太玄関等の山荘主要の建築物が調った長享二年（一四八八）春頃からであった。長享三年二月二十三日には、観音殿の立柱上棟が行なわれた。義政は、ここで観音懺法《かんのんせんぽう》を行なわしめようとひたすらその竣工の日を待望していたが、それを待たず、延徳二年（一四九〇）正月七日、その生涯を終えたのである。

足利義政の教養と文化

東山時代における将軍義政の生活文化を探るためには、その住居となった室町殿（花の御所）や東山山荘の庭園や建造物について調べることが必要であるが、その上に、足利義政の教養と文化についても調べると、当時の生活文化が一層明らかとなるであろう。

同朋衆《どうぼうしゅう》

足利将軍の周辺には、阿弥号を持つ「同朋衆」と呼ばれる人々が近侍していた。同朋衆は、立花・茶の湯・絵画など様々な芸能に長じ、将軍近侍の芸能集団の観を呈していた。同朋衆は頭髪は法躰であるが、武士の服装をし帯刀していた。本来は、鎌倉・南北朝時代以来、有力武家に近侍した時宗の徒（時衆）であったと思われる。時衆は戦乱の際の傷病者の看護や死者の供養をその任務とし、阿弥号を持ち、武家家臣の一員として行動した。足利将軍家に近侍していた時衆も、平和な時代になると、芸能の専門家としての役割を果たした。河原者の善阿弥や猿楽の観阿弥・世阿弥のような呼称も、広義の同朋衆・時衆としての役割に因っているものと思われる。

足利将軍家の唐物名器蒐集の伝統は、初代尊氏に始まり、唐物名器が闘茶の会等に用いられた。二代義詮、宋・元の名画を集めた三代義満を経て、八代義政の時代になると、名画珍什が室町将軍邸に充満していたという。義政は、六代義教以来の将軍家の同朋衆に、東山御物の撰定に当たらせた。これが「君台観左右帳記《くんだいかんさうちょうき》」等の法式として今日に伝えられている。

義政時代の同朋衆としては、能阿弥・芸阿弥・相阿弥・千阿弥・春阿弥・徳阿弥・周阿弥・吉阿弥・度阿弥・億阿弥・立阿弥などがいた。能阿弥は連歌に巧みで画技にすぐれていただけでなく、和漢の名器に対する鑑識にも長けていたという。その子芸阿弥も父に劣らぬ万能の芸術家であった。また立阿弥は瓶花の達人であったという。相阿弥は、義政の東山山荘時代の同朋衆として仕え、東山御物の撰定などその功績が伝えられている。

絵画

東山文化を代表する絵師として小栗宗湛《おぐりそうたん》と狩野正信《かのうまさのぶ》をあげることができる。

小栗宗湛は、俗姓は小栗、宗湛は出家後の法名。字は澗翁といい、またよく牧谿《もっけい》の手法を得ていることから自牧の別号を与えられた。

足利義政に抜擢されたのは、寛正三年（一四六二）三月十四日のことで、相国寺松泉軒へ将軍御成があり、宗湛の「瀟湘《しょうしょう》八景図」を見た義政はこれを称美し、宗湛にも謁見したという。宗湛は寛正四年には、室町幕府から周文と同じ俸禄を受け、周文のあとを継ぐ御用絵師として活躍した。

狩野派の創始者といわれる狩野正信は、伯信・性玄・祐勢とも号し、大炊助と称す。永享六年（一四三四）、伊豆の人狩野宗茂の後裔として生まれたが、やがて小栗宗湛に就いて画技を学んだと推定される。文明十三年（一四八一）頃、宗湛没後あとを継いで幕府の御用絵師となったと推定され、同十五年、足利義政の東山山荘に「瀟湘《しょうしょう》八景図」を描いた。正信は、幕府御用絵師として、肖像画・仏画・障壁画のほか位牌入泥など、幅広い制作に従事、漢画画風・大和絵画風を自由に使い分けつつ日本風漢画を大成、元信による両者の融合への基礎を築いた。

文明十七年（一四八五）十二月、義政は東求堂十僧図作成を狩野正信に命じた。正信はこれから数カ月間、その制作にとり組んだが、義政が「十僧図」の画様を横川景三《おうせんけいさん》・亀泉集証《きせんしゅうしょう》・狩野正信らに再々検討させたり、一枚だけでもと届けさせたり、試作の「十僧図」を何度も検討して、文明十八年（一四八六）三月二十四日完成し、義政の「御感」があって安堵したという。このように、足利義政を中心とする東山文化の中で、狩野正信は、漢画画風・大和絵画風を進展させていって、後世狩野派と呼ばれる日本風漢画の基礎を築いていった。

能楽（猿楽）

能楽（猿楽）は、中国伝来の散楽《さんがく》をその起源とする。大和の大寺社東大寺・興福寺においては、修正会・修二会等において呪師《しゅし》としての散楽が行なわれ、やがて神前に奉納する翁舞などの芸能が整っていった。

大和の大寺社に従属する猿楽師は大和四座を形成した。大和四座とは結崎座《ゆうざき》（のちの観世座）・宝生座・金春座・金剛座であり、他に天満神事に演能する宇治座などが生まれた。

応安七年（一三七四）、大和猿楽が京都今熊野で演能した。将軍足利義満の観覧する前で、結崎座大夫観阿弥《かんあみ》四十二歳とその子鬼夜叉《おにやしゃ》（のちの世阿弥《ぜあみ》）十二歳が舞を舞った。義満はこの世阿弥の舞のとりこになったという。これ以後義満は世阿弥を寵愛して藤若という名を与え、たえず傍らに侍らせたという。義満にとりいるために、諸大名は競って藤若に贅沢な贈物をした。

世阿弥の『風姿花伝』が完成したのは、世阿弥四十四歳の時、義満の権勢が絶頂の頃である。世阿弥の猿楽（能楽）は、将軍足利義満という中央の庇護者があって大成したともいえる。

しかし、世阿弥四十六歳の時義満が没した。跡を継いだ将軍義持は田楽を贔屓した。最後は、世阿弥七十二歳の時、将軍義教によって佐渡に流罪という悲劇を迎える。義教は、世阿弥の弟四郎の子音阿弥を偏愛した。世阿弥父子に代わり、音阿弥が仙洞御所の能を勤め、醍醐清滝宮の楽頭に任ぜられている。世阿弥流罪の原因は不詳であるが、将軍義教贔屓のこの音阿弥に、秘伝の伝授を拒否したからと一般には伝えられている。

このように、観阿弥・世阿弥の一派に栄枯盛衰があったものの、南都の四座猿楽であった芸能集団が、中央の将軍という権力の支援のもとに、猿楽（能楽）という芸能文化を発展させていったといえる。

義政の時代にも、勧進猿楽がしばしば催されているが、義政夫妻が見物した有名なものに、鞍馬寺修造のための糺河原勧進猿楽《ただすがわらかんじんさるがく》がある。観世元重（音阿弥）と観世大夫又三郎父子が演能し、義政夫妻をはじめ大名衆が桟敷を構えた。会場結構は、円形に組みあげられた桟敷に橋掛りが楽屋との間に造られ、その周囲に将軍以下公家・武家・門跡衆の座が設けられた。六十三間に及ぶ桟敷の経営は管領細川勝元がこれにあたったという。上演は四月五日、七日および十日の三日間にわたり、終わった翌十一日は早くも桟敷をとりこわしている。この間すべて快晴で、すべてが終わった十二日になって雨が降ったことに対し、相国寺僧季瓊真蘂《きけいしんずい》は、「公方の御威勢に人また服し、天また感せるか」と記している。

連歌

東山文化の時代、連歌は黄金時代を迎える。南北朝時代、二条良基らは『菟玖波集《つくばしゅう》』を選び、連歌式目を制定して、遊びであった連歌を芸術にまで高めようとした。その努力が、やがて宗祇や宗長の連歌黄金時代を生むこととなった。足利義政も連歌を好んでおり、たびたび連歌会を催している。毎年正月二十五日頃には、室町殿連歌会を開催するのが恒例であった。

また義政は花見や紅葉狩の折に、よく連歌会を張行《ちょうぎょう》した。中でも有名なのは、寛正六年（一四六五）の洛外花頂山と大原野の花見遊覧であった。

寛正六年三月四日、義政の一行は花頂山へ花見に出かけた。ここで連歌会が行なわれ公武の要人が参加したが、義政は「咲きみちて花より外の色もなし」と発句を詠み、続いて一条兼良、三宝院准后が連歌を詠んでいる。

将軍家では、毎年正月に連歌始が行なわれ、年間数回の連歌会が催されたが、同様に禁裏でも連歌会が催されている。

文明十五年（一四八三）六月から足利義政は東山山荘に移り住んで、風雅を理想とする山荘生活を始める。義政の東山山荘での生活がどのようなものであったか、を示す一例がある。

文明十九年（一四八七）七月七日の夜のことである。東山山荘において七夕の連歌会が行なわれた。参加者は義政を発句に、近臣の大館政重・細川政誠・一色政具それに同朋衆の調阿弥・相阿弥・徳阿弥の以上七人であった。義政の発句は「牛をひく今日とて洗う車かな」であり、下の句は大館政重が、「涼しく結ぶ初秋の水」を続けている。しかも連歌は七十句で揚がりとした。七夕にちなんで七名の列席者で七十句で揚句としているのである。

このような風雅な山荘生活が、足利義政の求めた生活文化であった（森田恭二著『足利義政の研究』和泉書院、一九九三年）。

12
一休宗純と禅の文化

一休和尚伝記

「一休さん」で親しまれる一休宗純は、室町時代の禅僧である。「一休とんち話」として巷間に数々の伝説が残るが、そのほとんどは江戸時代になって作られた話である。

それでは「一休さん」の実像はどうであろうか。

一休は、京都禅刹の大寺大徳寺の住持を歴任した高僧でもあった。しかも、後小松天皇落胤説は、かなり信憑性の高い事実と考えられる。

将軍足利義政と一休宗純は同時代の人物である。一休が亡くなったのが、八十八歳の文明十三年（一四八一）十一月二十一日であるから、義政が四十六歳の時である。しかし、不思議なことにこの両者の交流がうかがえる史料は存在しない。あるいは権力を避けた一休が近づかなかったのであろうか。

一休は、『東海一休和尚年譜』によると、応永元年（一三九四）一月に生まれたと伝えられる。後小松天皇落胤説が有力である。

六歳で京都安国寺の長老像外鑑公《ぞうがいかんこう》の侍童となり、周廻と名づけられた。十二歳で建仁寺の慕哲《ぼてつ》龍攀《りょうはん》禅師に入門した。さらに、十七歳で京都西山西金寺《さいこんじ》の為謙宗為《いけんそうい》に師事している。

その後の一休に最も影響を与えたのは、江州堅田禅興庵の華叟宗曇《かそうそうどん》であった。華叟の禅は、中国宋代の虚堂智愚《きどうちぐ》の流れであった。

一休の二十歳代後半から、三十歳代前半にかけての時代は、ほとんど連続的に飢饉と疫病の流行が反復した時代である。

一休二十七歳の応永二十七年（一四二〇）の旱魃は応永の大飢饉をもたらしている。三十五歳の正長元年（一四二八）には、大飢饉のために有名な正長の土一揆の勃発となっている。四十七歳になった時、京都大徳寺の如意庵に入った。

寛正二年（一四六二）六十八歳の時、かねて親交のあった蓮如が本願寺において宗祖親鸞《しんらん》上人の二百回忌の法要を盛大に営んだが、それに列席している。

長禄年間から寛正年間（一四五七〜六六）に大飢饉が起こり、京都や近郊が荒廃した。洛中には数万人の乞食がたむろし、当然のように悪党たちが堂々横行したが、重ねて疫病もまたすさまじく流行し、これによる死者も数知れないありさまであった。生活苦に耐え切れなくなった庶民の蜂起もかつてなく集中的に頻発しており、特に寛正三年（一四六二）に京都と奈良で起こった大一揆は、世相の混乱に拍車をかけるものであった。

応仁元年（一四六七）、一休は七十四歳、大徳寺の真珠庵の前身にあたる瞎驢庵《かつろあん》にいた。しかし、同庵が兵火にかかる直前、ひとまず東山山麓の虎丘庵に移って天下の成り行きをうかがった一休は、日ましにつのる兵乱に耐えかね、同庵を南山城の妙勝寺のかたわらに移築し、酬恩庵《しゅうおんあん》と名づけ、ここに移り住んでかろうじて戦火の難をさけている。

薪酬恩庵

ところが、翌々文明元年（一四六九）には、酬恩庵にも戦火が迫ったので、庵を出て、瓶原《みかのはら》の慈済庵へ、さらに奈良から住吉へと移った。住吉に文明十年（一四七八）まで滞在し、応仁・文明の乱も鎮静した頃、酬恩庵へもどった。この間、文明七年には、薪村に寿塔（生前にあらかじめ作っておく墓）を造り、慈楊塔と名づけている。

一休は、薪の地を死場所と定めていたのであろう。

一休は、文明十年から、入寂する同十三年（一四八一）まで、酬恩庵に住した。その間、堺の商人尾和宗臨の帰依を受け、戦乱で荒廃した大徳寺伽藍の復興に努めているし、酬恩庵には、連歌師宗長、猿楽の音阿弥、金春禅竹、茶の湯の村田珠光など、当代きっての文人が訪れている。

『宗長日記』大永二年（一五二二）には、次のように書かれる。

大仏にまいり、それより、山城薪へまかりのぼる、門送かれこれさきにたちて、般若寺坂にまたる、折・食籠数しらず、坂の松の本に落葉を焼て、酒あたゝめなどして、輿に入侍し、当坊にして出立の数盃、坂にて乗物よりおりおり侍るとて、腰をつきそんじ、則、たのみこし杖つきおりて郎等はつゞかぬ老の武さところびぬさて、薪酬恩庵にはふくつきぬ、一休の周辺には、新しい文化の芽がめばえていたのである。

文明十三年（一四八一）十一月二十一日、一休は入寂した。八十八歳の高齢であった。遺体は慈楊塔に納められた。酬恩庵は一休和尚の塔所（墓所）として、その徳を慕う人々によって篤く信奉されることになる。

一休は世俗的な権力を嫌い、純粋な虚堂の禅に帰ろうとした。晩年は、「禅浄一如」の思想を持ったと考えられる。足利義政と一休が交流を持ったという史料は見出しえない。しかし、義政の思想にも、また「禅浄一如」の風がみられる。くしくも二人はその思想において同様の「禅浄一如」の境地を持していたと思われる。

八十八歳で示寂する直前、一休は遺偈《ゆいげ》を書き残した。真珠庵に残るそれを見ると、

須弥の南畔
誰か我が禅を会（解）せんや
虚堂来たるもまた半銭に直《あたい》（値）せず

須弥南畔とは須弥山の南のほとり、すなわち日本国を指し、この

薪酬恩庵前の金春禅竹住坊跡

国で誰に自分の禅が理解できようかと述べ、ついでたとえ尊敬する虚堂智愚が生き返って会いに来るとも、半銭の値うちもないと言い切っている。反骨に生きた一休宗純の末期《まつご》らしい遺偈といえる。

禅の文化と庭園

室町期の禅宗寺院では、禅の教えを庭園に反映させる「枯仙水庭園《かれせんずいていえん》」が発達した。今日残る京都の龍安寺庭園や大徳寺聚光院庭園はその典型であろう。禅の文化はその庭園にも現れた。

室町期の将軍達が模倣したのは、天龍寺や西芳寺（苔寺）の「枯仙水庭園」であった。将軍や大名邸宅には、競って庭園が造られたが、それは禅宗文化の影響のみではない。

京都では、平安時代の王朝文化の中で、貴族趣味の「浄土教」的庭園が発達した。

奈良時代後期には日本人の好みに従った庭園の細部手法が出はじめているが、奈良は湧泉や流水に恵まれているとはいえず、本格的庭園の発展は、平安時代を待たねばならなかった。京都は「山紫水明」の地と呼ばれただけあって、庭園築造に適した地であった。平安時代には寝殿造の建物とあいまって庭園苑池が造営された。公家の邸宅として史上名高いのは藤原冬嗣の閑院・源融の河原院・藤原良房の染殿などであった。

室町時代、将軍足利義政の治政下で、浄土教と禅宗の影響を受けた花の御所や東山山荘の庭園が造られた。

将軍の下で、実際に庭園作事に従事したのは、河原者の人々であった。河原者は、河原に居住した当時の賤民で、石や砂を用いて造園を担当した。

その中に善阿弥《ぜんあみ》という高齢の棟梁がいた。善阿弥は、当代きっての造園の名手といわれ、将軍の御所の造園のみならず、遠く奈良大乗院門跡などの寺社の造園にも招かれている。

高齢のため、一度ならず二度までも病に臥すことがあったが、その度に足利義政は薬を届けさせており、回復後の正月の参賀には、その長寿をともに慶ぶという、深い関係があった。将軍と賤民という両極の身分を超えて、庭園作事を通じて、両者には人間的な深い関係が形成されていた。そのような治政下で、東山文化の中で庭園文化ともいうべきものが花開いたのである。現在の京都に残る庭園のほとんどが、この時期の影響を受けている。

〈参考〉

一乗谷朝倉氏館跡庭園

福井市の南郊、足羽川支流の河岸段丘に一乗城山をひかえて四カ所に庭園がある。ここは朝倉敏景が文明三年（一四七一）に本拠を移してから、義景が信長に滅ぼされるまでの五代百三年間に及ぶ朝倉氏の居城であった。かつては雑木雑草におおわれていた湯殿跡、諏訪館跡、南陽寺跡の庭園も、昭和四十二年に美しく復旧され、翌年には主殿会所跡の庭が山裾より発見された。こ

福井県朝倉氏館跡

朝倉氏館跡庭園

朝倉氏湯殿跡庭園

れらはいずれも小面積の池に対して目立った立石を用い、不釣合いなほどの大ぶりの石を組み、いかにも戦国武将の庭らしい雄々しさを表している。特に最も古いと思われる湯殿跡庭園の石組はかなり荒っぽく強烈な印象を与えるものである。一方主殿に接して池側に茶座敷を設け、中庭には石で囲んだ細長い花壇を作るなど、京風文化とのかかわり合いもうかがわれる。

（森蘊・村岡正氏監修『公家・武将の庭』平凡社、一九八〇年）

旧秀隣寺庭園

足利十二代将軍義晴は享禄元年（一五二八）五月、三好元長の兵乱により京都を逃がれ、朽木稙綱を頼って天文元年（一五三二）一月まで、近江朽木の秀隣寺に滞在した。その書院跡は未詳であるが、前面の庭園のみがうぶな姿のままによく今日に伝えられてきた。安曇川の河岸段丘をなす山裾の高みにあり、川をへだてて比良山系の山々を見渡せる景勝の地を占め、屈曲した流れとも見られる複雑な形の細長い小池をうがち、大ぶりの島を二つ置き、東部の築山からは背後の山より谷水を引いて小滝（鼓の滝）を落としている。滝や島・池の護岸石組や中島の立石をはじめ石橋等の洗練された手法には見るべきものがある。義晴に随行した管領細川高国は庭園趣味も深く、賀茂にて曲水の宴を行なった風流人でもあった。北畠氏館（現、北畠神社）の庭園にも関与したと考えられ、本庭園も彼の指図によるものであろう。

（森蘊・村岡正氏監修『公家・武将の庭』平凡社、一九八〇年）

北畠神社庭園

神社の境内は茶臼山山麓、八手俣川段丘の景勝の台地を占め、昔の伊勢国司北畠氏の居館地である。建物の位置は確認されていないが、晴具（一五〇三〜六三）の時代に作られた庭園がよく保存され、盛時の面影が偲ばれる。敷地南側の築山下に大小いくつもの出島を設けて汀線《みぎわ》の複雑に出入した東西に長い池があり、北西隅より小滝を落し、一個の中島を浮かべ、護岸はすべて石を組み、どことなく旧秀隣寺庭園に似通う趣がある。中央部の石橋は後のものであるが、今ではよく池の景色になじんでいる。苑池東側の杉の巨木がそびえる小高い築山の北裾には、高さ約二メートルもの大立石を中心として十数箇の立石・臥石を配した、一群の枯山水石組が見られる。一分の隙もなくまとめられたその力強い構成には、戦国武将の庭としての気概が感じられる。細川高国が援軍を求めてのここに滞在中の作庭とされている。

（森蘊・村岡正氏監修『公家・武将の庭』平凡社、一九八〇年）

郵 便 は が き

料金受取人払郵便

天王寺支店
承 認
232

差出有効期間
平成22年 3 月
9 日まで

(切 手 不 要)

ただし有効期限が過ぎましたら切手を貼ってください。

5438790

〈受 取 人〉

大阪市天王寺区
上汐五ー三ー八
(私書箱七九)

大阪
和泉書院
行

ご住所 〒

Tel.

お名前《ふりがな》	性別 男・女	年齢	

メールアドレス

ご職業 学生・教職員・会社員・自由職(医師・弁護士等)・公務員・自家営業・農林漁業・主婦・その他(　　　　　　)

お買い求め書店名
市・町　　　　　　　　書店

(このハガキにてご提供の個人情報は、商品の発送に付随する業務・出版情報のご案内・出版企画に関わるご連絡以外には使用いたしません。)

愛読者カード

ご購読を御礼申し上げます。今後の企画の参考にさせていただきますので、下記ご記入の上、投函下さい。

1．今回お買い上げいただいた書名

（　　　　　　　　　　　　　　　　　　　　　　　　）

2．この本のお求めの動機

a．書店で見て　b．新聞・雑誌等の広告を見て（誌名　　　　）

c．人の推薦　d．DMを見て　e．その他（　　　　　　　）

3．本の内容について

a．読み易い　b．普通　c．難しい　d．その他

その理由（　　　　　　　　　　　　　　　　　　　）

4．購読紙・誌

（　　　　　　　　　　　　　　　　　　　　　　　　）

5．小社の目録を継続して希望

a．する　b．しない

6．今後の企画についてのご意見

ご協力ありがとうございました。

13

「洛中洛外図」の世界

「洛中洛外図」をモデルに一乗谷町屋の復元

「洛中洛外図」探訪

室町後期から近世にかけて、京都の市街を題材とした「洛中洛外図」が制作された。

京都の市街と郊外を鳥瞰《ちょうかん》し、そこに名高き寺社や名所と四季の情景を追いながら、上は内裏や公方の御殿から、下は町衆や農家の住まいまで、そこに生きる老若貴賤の人々を描いている。その多くは六曲一双《ろっきょくいっそう》の金碧《こんぺき》の屏風に仕立てられているので、「洛中洛外図屏風」と呼称される。「洛中洛外図」の世界を探訪しよう。

洛中洛外図の淵源《えんげん》は、遠く正倉院の山水図《さんすいず》にあるとされる。その後、名所絵や月次絵、さらに参詣曼荼羅《さんけいまんだら》や絵巻物の影響を受けながら、大和絵の手法で描かれるのが、基本である。

しかし室町期の雪舟《せっしゅう》などの水墨画の手法も取り入れられて、狩野派《かのうは》が「洛中洛外図」制作を中心的に行なうようになった。

永正三年（一五〇六）十二月、越前の大名朝倉《あさくら》氏は、土佐《とさ》刑部大輔《ぎょうぶおおすけ》光信《みつのぶ》に依頼して「洛中洛外図屏風」一双を新調している（『実隆公記』同年十二月二十二日条）。

現存する最古級の「洛中洛外図」は三点ある。

一つは町田本《まちだ》（国立歴史民俗博物館蔵、歴博甲本）で、大永年間（一五二一〜二八）制作と考えられる現存最古のものである。これは京都の三条家に伝来したもので、町田家に渡り町田本と呼ばれた。

二つめは、高橋本《たかはし》（国立歴史民俗博物館蔵、歴博乙本）で、町田本と上杉本《うえすぎ》（後述）の間頃の制作で、狩野永徳《かのうえいとく》父松永《しょうえい》画ではと推測されている。旧高橋家蔵本。

三つめが、上杉本（米沢市立上杉博物館蔵）である。これは天正二年（一五七四）織田信長が上杉謙信に送ったものであると、上杉家では伝えられている。京都とその郊外の名所を画面に配し、市中の庶民や生業や町のにぎわいを克明に描いたもので、室町末期「洛中洛外図」の代表的作品である。

上杉本「洛中洛外図」の制作年代については、諸説があるが、大きく二説に分類できよう。

一つは今谷明《いまたにあきら》氏の説で、その景観年代を調査した結果、天文十六年（一五四七）成立と推定した。しかしその場合狩野永徳は、幼少であり、その作画者を誰と考えるかが問題となった（今谷明氏著『京都一五四七年』平凡社、一九八八年）。

もう一方は、黒田日出男《くろだひでお》氏の説で、画面にある将軍足利義晴の室町幕府と、幼少の足利義輝の存在を指摘した上で、景観年代と制作年代は一致しない意図的作画があったとし、その意図とは、将軍足利義輝が暗殺された年の義輝忌百カ日頃と推定した。そこで、永禄八年（一五六五）制作の可能性が最も高く、作画は狩野永徳と考えて矛盾ないとした（黒田日出男氏著『謎解き洛中洛外図』岩波新書、一九九六年）。

上杉本「洛中洛外図」の景観年代は、これまでの研究により、天文十六年～永禄四年（一五四七～六一）頃と推定されている。

黒田日出男氏は、作者については、様式・作風・落款《らつかん》などから狩野永徳に間違いないとした。ところで、上杉本の左隻三扇から四扇にかけて貴人の大行列が描かれているが、黒田日出男氏は、これを「上杉謙信《けんしん》」の行列と推定している。

上杉本は、本来将軍足利義輝《あしかがよしてる》が狩野永徳に命じて上杉謙信に贈るために作成されたと黒田日出男氏は推測する。しかし、永禄八年（一五六五）五月十九日、三好・松永らに急襲された義輝は非業の死を遂げる。永徳は屏風の完成をめざし、義輝百カ日の永禄八年九月頃成なしとげた。

その遺された屏風を、永禄十一年（一五六八）十月入京した織田信長から謙信に贈ったのが、上杉本「洛中洛外図」である、と考えている（前掲書『謎解き洛中洛外図』）。

『（謙信公）御書集』の中に次の一文がある。

（天正二年三月条）

同年三月、尾州織田信長、為使介佐々市兵衛遣千越村、被贈屏風一双、画工狩野源四郎貞信《（重カ）》、入道永徳斎、永禄八年九月三日画之、花洛尽、被及書礼、

これによると、天正二年（一五七四）三月、織田信長より使者佐々市兵衛を仲介して、「洛中洛外図」が贈られた。画工は永徳、制作年代は永禄八年（一五六五）九月、と記されており、黒田日出男

氏は、この資料を評価している。

「洛中洛外図」の人々

上杉本「洛中洛外図」には、おおよそ二千五百人の人々が描かれている。

内裏（天皇の御所）や公方様《くぼうさま》（室町幕府将軍御所）には、貴族や武士の姿が描かれる。武衛屋形《ぶえいやかた》（大名斯波氏の邸宅）には、そこで養育されたと伝えられる幼少の足利義輝の姿があると、黒田日出男氏は、推定する。門前で数人の武士に囲まれて、若君義輝は闘鶏《とうけい》を見物している。古来、若君が正月に闘鶏を見ることは、立派な君主となるための慶事と考えられて来た。この絵には、将軍足利義晴の盛時とその下で養育された若君義輝の往時が描かれているのだ、と指摘する（前掲書『謎解き洛中洛外図』）。織田信長が上杉謙信にこの屏風を贈った意図は、将軍の盛時に復するに協力せよというサインであったというのである。

さて、庶民の姿に目を転じると、そこには粗末な板屋根に石ころを載せた町屋と、様々な職業に従事する人々が描かれている。

「洛中洛外図」は、四季風俗図である。

正月の風景に注目してみよう。すでに師走の風情が描かれ、家々の門前には松の木（門松）が立てられている。そこを節季候《せきぞろ》の人々が、「節季《せっき》に候、節季に候」と正月の近いことを知らせ歩いて行く。

春駒のおもちゃに乗った姿の人々、羽根突きに興じる女の子達の姿も目につく。家々の軒先には、しだの葉をつけた注連縄《しめ》がはられている。

羽根突きは、子供達を疫病から守るおまじないだ。「ひと目、ふた目、みいやまよめご……」と数え唄で羽根突きの数をかぞえる。

通りでは綱引きに夢中になる子供達も描かれる。本来綱引きは吉凶や豊作をうらなう行事であったが、京の町通りでは正月のレクリエーションでもあったことがうかがえる。同じ頃、大坂の石山本願寺寺内町では、八町対抗の綱引合戦が正月に行なわれるのが恒例であり、町内対抗という綱引合戦がみられるようになる。

門付芸能としての千秋万歳も正月の恒例行事である。三人の水干姿男が描かれ、一人は歌や舞を、一人は鼓を、そしてもう一人は拍子をとっている。正月を寿ぎ新年の幸福を祈る拍子物《はやしもの》の芸能が、千秋万歳として発展していたことが読みとれる。

正月行事のしめくくりは「左義長《さぎちょう》」であった。上杉本「洛中洛外図」には、松永弾正（久秀）邸門前で行なわれた左義長の行事が描かれている。左義長は、宮中で青竹を立て、扇を結びつけて吉書を焼いた火祭りに由来し、やがて民間でも青竹に門松、注連縄、裏白《うらじろ》飾り、書初《かきぞ》めなどを積み上げて、火をかけた。今日「とんど」あるいは「とんど焼き」とよばれている。

松永久秀は三好長慶の家宰にすぎなかったが、次第に頭角を現し、天文十八年（一五四九）長慶が足利義輝、細川晴元を逐い畿内を制覇すると、久秀は「弾正」として京都の治安を一手に支配するようになった。

本来宮中で行なわれていた左義長《さぎちょう》を、松永久秀《まつながひさひで》が主催して行なっていた時期が、描かれているのである。

三月三日は、今日ではひな祭である。ところが「洛中洛外図」では、三月三日の闘鶏が描かれる。雄鶏を左右に分けて闘わせる闘鶏は、古代中国からの行事で清明節《せいめいせつ》（春分から十五日目）前後に行なわれた。日本では三月節句の行事として定着した。

上杉本「洛中洛外図」では、斯波《しば》邸の門前に若君（足利義輝と推定されている）が見物し、家来たちの取り囲む中、二匹の鶏が戦っている。将軍若君の見る行事であったことがわかる。

一方細川典厩（右馬頭）邸に目を転じると、縁側で「鶯会せ《うぐいすあわせ》」が行なわれている。籠に入れた鶯を並べて、その鳴き声を競い合うのである。かつて南北朝時代、佐々木（京極）道誉が、出羽に配流になった時、家来の手毎に籠を持たせ、その声を聞きながら風流を楽しんだ故事（『太平記』）があるが、武将たちの春のレクリエーションに、邸内で聞く鶯会せがあったことがうかがえる。

鴨川の西岸悲田院や六条御影堂（新善光寺）の横では、「風流踊《ふりゅうおどり》」が行なわれている。「風流踊」は、笠や衣裳に風流を尽して、鉦《かね》や鼓《つつみ》を打ち鳴らし、念仏を唱えながら踊る、今日の盆踊りの起源となった芸能である。

この頃、泉州日根荘でも、村民が村社に集結して盂蘭盆《うらぼん》や彼岸《ひがん》に念仏を唱えながら「風流踊」を奉納するのが恒例となっており、ここ京の都でも辻々や寺社門前で「風流踊」が行なわれたのである。
端午《たんご》の節句《せっく》は「菖蒲《しょうぶ》」の節句でもある。「洛中洛外図」では、家々の軒先に菖蒲が葺かれている場面がある。おりからその下の町通りでは、子供たちが紙の甲《かぶと》をかぶり長刀をもち、あるいは幟をもって合戦ごっこをしている。

まさしく端午の節句（尚武の節句）として男の子たちの成長を祈る行事となっていることがうかがえる。端午の節句は菖蒲の香気によって邪気を払うものであったが、音が尚武に通じることから、男児の成長を願う祭となっていった。

曇花院の門前では、子供たちが「印地打《いんぢうち》」に夢中になっている。「印地打」とは端午の節句の頃、子供たちが二組に分かれて小石を投げあった石合戦のことである。南北朝の頃には、鴨川原などで大規模な「印地打」が行なわれ、「印地衆《いんぢしゅう》」と呼ばれる無頼の集団が形成されてもいた。上杉本「洛中洛外図」では、甲をかぶり長刀や弓を持った子供たちが石合戦で、さながら戦《いくさ》ごっこをしている様子が描かれている。

旧暦六月頃は、祇園祭の盛大さが描かれている。祇園祭の神輿《みこし》行列《ぎょうれつ》、それに山鉾巡行《やまぼこじゅんこう》が華華《はなばな》しく描かれている。「長刀鉾」が先頭を切り鉾、山の行列の続いたあと、殿《しんが》りは「船鉾《ふなぼこ》」が勤めている。すでに山や鉾には、豪華な織物が飾られ、その大きさも現代のものと変わらない。見物の人々が町通りを埋め、当時すでに祇園祭が京都を代表する祭であったことを物語っている。

八月には上下の御霊会の祭が描かれている。

仲秋（旧暦八月十五日）の頃、京の郊外に虫籠を持って山道を行く一団がいる。虫籠を数箇持っているので、主人に頼まれた家臣たちであろうか。頭を剃った法躰の人もいるので、将軍側近の同朋衆を思わせる。持ち帰った秋の虫は、その声を屋敷の中で聞くために用いられたのであろう。「洛中洛外図」には、このような風俗まで描かれている。

秋の深まりとともに、田畑には稲穂が実る。郊外の田畑では刈り取りの風俗も描かれている。鷹狩《たかがり》の一行も描かれている。鷹狩は本来、東国の武将たちの武芸の一つであったが、室町幕府が京都に開かれると、京の武将たちも郊外に鷹狩を楽しんだ。鷹を手に乗せた鷹匠が先頭を行き、数人の武士たちが続いている。別の一団には二頭の馬に乗った武将と家来たちが描かれている。

秋の京都では、すでに紅葉狩りも人々のレクリエーションの一つとなっている。屏風には、食籠《じきろう》を持った一団が、紅葉の小枝を手に帰っている様子が描かれている。紅葉見物をしながら野外で飲食をすることが人々の楽しみであったことがわかる。

十一月には、お火焚きの行事があった。町々の各所で、四角い木枠を地面に造って、お火焚きの行事が行なわれている。本来、農耕の神事として一年の無事を感謝し、新年の豊穣を祈るものであった。町々にはお火焚の火がたかれると、子供たちが集まり、中にはお尻をからげて温めている子供の姿も見られる。
一条革堂《こうどう》の横には、銭湯が描かれている。風呂に入る人々、背中を流したり、入浴者の世話をして髪を洗う人も描かれている。大きな風呂敷包みに衣類を入れた人もあり、文字通り風呂敷の役割を果たしている。門を出入りする人々も描かれ、次々と浴客の訪れていた様子が描かれる。本来、寺院の功徳風呂として始まった風呂は、この「洛中洛外図」では町の銭湯として発達し、人々が大いに利用していた様子が読みとれる。

このように「洛中洛外図」は京の「四季風俗図」ともいえるもので、大勢の人々のくらしぶりが描かれている。当時の京都の人口は、約十万人と推定されるが、上杉本「洛中洛外図」では、約二千五百人の人々が当場する。二千五百人余に代表させて、さまざまの階層の人々が描かれているのである。

歴史を学ぶ上で、非常に貴重な情報が描き込まれている。私たちは約五百年前の京の都にタイムスリップして、人々のくらしぶりを見ることができるのである。

14

『政基公旅引付』のおもしろさ

日根荘入山田村遠景（中央は樫井川）

和泉国日根荘

和泉国日根荘は、現在の大阪府泉佐野市に存在した九条家領荘園であった。九条家は近衛家とならぶ五摂家の中心的存在であり、鎌倉期には幕府とも密接な関係をもっていた。当荘は、家祖兼実《かねざね》の孫にあたる前関白九条道家の申請により天福二年（一二三四）に立荘されて以降、鎌倉後期の僧実専や久米田寺などによる開発を経ながら戦国期に至るまで存在した。

当荘の構成は、日根野・入山田・井原・鶴原・上郷の五カ村からなっていたのであるが、十五世紀初頭までに前二カ村以外は、半済《はんぜい》などによって実質的に和泉国守護細川氏の支配下に入っていた。

文亀元年（一五〇一）三月二十八日、九条政基《くじょうまさもと》は、白川少将富秀・信濃小路《しなのこうぢ》宮内少輔《くないしょうゆう》長盛《ながもり》・石井左《いしいさ》衛《え》門大夫《もんたいふ》在利《ありとし》等をひきつれて京を発った。居所となる日根荘入山田郷に入ったのは四月一日のことであった。

九条政基の居所となった所は入山田郷大木の長福寺《ちょうふくじ》であった。現在、この付近は田畠となっているが、二、三の墓石を残しており、二〇〇五年発掘調査が行なわれ、寺院跡が確認された。入山田郷域は山に囲まれた農村であるが、佐野の市場から粉河・根来方面へ抜ける街道が通じていた。

入山田郷は、大木・昌蒲・土丸・船淵の四カ村から構成されていた。船淵にあったという七宝瀧寺は現存し、不動明王を本尊とする修験の寺院である。

文亀二年（一五〇二）八月二十一日、根来寺衆とそれに与同の佐藤惣兵衛《さとうそうべえ》の軍勢が守護方を攻撃し、日根荘上丸村にまで乱入してきたことがあった。大木村長福寺にあった九条政基は、その身の危険を感じて、犬鳴山西坊に逃れている。政基はその逃避行《とうひこう》を、「夜もすがら岩ねをつたふみ山ぢの滝のごとくにあせぞ落ち行く」とうたっている。また滞在中の二十三日には、修験《しゅげん》寺院の山景を漢詩に詠ん

長福寺跡

でいる。

九条政基は、ここ日根荘入山田郷に、文亀元年（一五〇一）から永正元年（一五〇四）十二月までの約四年間にわたり直務《じきむ》支配を行なった。その間、日根荘入山田郷内外の農民生活を目のあたりに見聞した日記『政基公旅引付《まさもとこうたびひきつけ》』には、農民たちの生々しい日常生活が各所に記されている。戦乱と飢饉《ききん》などの災害の中での農民生活は、まことに苛酷《かこく》なものであった。

以下、『政基公旅引付』によって、戦国時代の村のくらしを探って行こう。

人質事件

文亀元年六月十七日、佐野に立った市に出かけた入山田郷大木村の百姓が守護方に襲われ、数人が人質に取られる事件がおこった。入山田郷では村人が蜂起して佐野に放火しようか、守護方の人質を取り返しに発向しようか相談していた所、人質の一人が縄をほどいて逃走してきた。見ると左手の内より手首まで縦に切られていた。「おのれ」と怒鳴りつけられ、逃げようとした所を切り付けられたのであった。酉剋《とりのこく》（十八時頃）になり佐野の村役人から、「今日の儀は佐竹と別当が行なった行為で、佐野は関わりなき」旨を連絡して来たという。この守護の行為は、入山田郷の地下人を人質とするためで、反守護方である在地への脅しであった。

戦乱

九条政基が日根荘に下向したことで、日根荘をめぐって、本所九条家、守護細川氏、根来寺の三勢力が鼎立《ていりつ》する状態となった。

そのため政基下向後すぐに、現地の村々は戦乱に巻き込まれることになった。

文亀元年（一五〇一）八月二十八日には、守護被官人の日根野氏が日根野村東方に乱入して、番頭と脇百姓を生捕りにしたという。入山田郷でも、円満寺や菖蒲村で早鐘《はやがね》が打たれ、急が告げられた。一時、九条政基は、「居所の長福寺に火を懸け、自尽したならば、京の子息細川澄之《すみゆき》までも急を知らせよ」と覚悟したらしい。

九月五日には、再び守護勢乱入の報が入った。土丸村付近では村人は財を運び、その牛馬で大混雑となった。政基の奉行人石井在利《いしいありとし》に率いられた入山田四カ村の群兵は山に登って待機したが、結局この日は和泉鳥取荘で争乱があったのみで、乱入がなかった。

しかし、九月二十三日には、守護方軍勢千人余が攻め寄せて来た。

この日、守護方被官の日根野・アヤイ・本山・大田以下の千人余の軍勢が攻めて来た。それに対し、九条家の奉行人信濃小路長盛《しなのこうぢながもり》・石井在利に率いられた入山田郷民わずか二百余人が迎え討った。三時間余の合戦でようやく守護勢を退散させることができた。敵方八、九人が手負し、百姓一人が矢で射られた。合戦に参加させられた農民の必死の防戦の結果であった。

守護方との合戦はこの後も続いたが、文亀二年（一五〇二）八月には、根来方の浪人佐藤惣兵衛《さとうそうべえ》の軍勢に悩まされる。佐藤惣兵衛は、佐野市場や日根野西方の辻鼻等を焼き払い、続いて入山田郷土丸村へ迫る動きを見せた。これに対し、守護方の軍勢も反撃に出て、九月にかけて両軍勢の合戦が和泉各所で続いている。

和泉国内の戦乱のため、焼き払われた日根野東方の百姓は山林に逃れ、村への還住ができない状態に置かれた。佐藤惣兵衛の陣からは、「女を出せ、食料を出せ」と種々猛悪の儀を申し懸けて来る上に、守護方は入山田郷の百姓を発見次第殺害するという状態であった。

戦乱の中にあった農民の生活がいかに苛酷なものであったか、このような状態は枚挙に遑がないくらい、『政基公旅引付』に現れる。

水害と旱害

文亀二年八月二十七日から日根荘一帯に降り続けた雨は、翌日以降も「終日大雨洪水」の状態となった。

この洪水によって土丸・菖蒲村の水田の樋が下流まで流れ落ちて、長滝荘《ながたきのしょう》に留まったという。そこで九条家の奉行人信濃小路長盛が指揮して、入山田四カ村および日根野東西の老若四百人余でこれを引き揚げようとしたが、ならず、上野三カ村と長滝荘の民衆が協力した。

その上上郷からは酒肴を出してくれ、日根荘内外の民衆の協力で、一つの樋を土丸まで、もう一つを大井関神社の前まで引き揚げることができたのであった。領主側の指揮下とはいえ、そこには農作によって生計を立てている中世民衆の連体精神が現れている。樋をなくすということは、水田農業の不可能を意味するわけであって、農民の死活を決する事態に、連帯精神が現れたと見るべきであろう。

一方旱魃《かんばつ》もまた、農民生活に深刻な被害をもたらした。

文亀三年（一五〇三）の旱魃は異常なものとなり、農民たちは妻子まで河に出て少し残った水を汲み、干田《かんでん》に運ぼうとした。しかし、稲穂はすでに白色に干しあがり葉はよれて赤色に変わっていたという。また農民の中には、没落して他郷に移ろうという者も現れた。番頭衆が告げて来て言うには、もう田畑の稲は干損《かんそん》となったので、踏み返して蓬《よもぎ》を植えようという状態であった。村中の水が底をつき、川の流れも止まり、民衆は政基の居る長福寺の井戸にまで水をもらいに来たという。

疫病

中世民衆にとって、疫病もまた大きな災害の一つであった。

文亀三年四月には、日根荘でも死者が出る疫病が流行している。そのため、入山田郷円満寺において、般若心経《はんにゃしんぎょう》一万巻の講読が行なわれたり、村人が村内の大日堂から八王子社まで一万度参詣を行なって、疫病退散の祈禱が行なわれている。

永正元年（一五〇四）五月には、疫病流行のため佐野村の浜面《はまおもて》で一村皆が死に絶えてしまったという。佐野浜は、現大阪府泉佐野市の海岸部を指しており、そこで一村が全滅するがごとき疫病が流行したのであった。

犯罪

干魃や飢饉に襲われると、食料を求める人々には、さらに悲惨な現実が待っていた。文亀四年（一五〇四）二月、巫女《みこ》一家殺害事件があった。

飢饉のため食料のなくなった村人らは、山々に自生する蕨《わらび》を採って来て、水にさらしていた。前夜盗み取る者があったため、番人を出して見張っていた所、犯人が滝宮（火走神社）の巫女の宅へ逃げたという。家内には巫女と二人の息子がいたため、これを捕え母子三人共に殺害してしまった。飢饉のため食べるもののなくなった村人たちは、必死の思いで蕨を採取するが、それを母子三人が盗み取ったということで殺害されたのである。

この後も、飢饉による食料難の中で、河水につけた蕨を盗る村人もあとを絶たなかった。蕨盗人となる人々は、山に入って蕨を調達することのできなかった女や年少の子供らであった。同種の事件が、たびたび起こっている。

祭礼

苛酷な条件の中で生活していた中世農民にとっても、束の間の楽しい時があった。それは村々の祭礼であった。

文亀元年（一五〇一）七月に、九条政基が日根荘入山田郷で見た芸能は、七月十五日村の惣社滝宮（火走神社）へ推参することになっていた念仏風流《ねんぶつふりゅう》と猿楽《さるがく》（能楽）であった。

村人たちは、「御本所様（九条政基）」へ見せるため、滝宮への奉納に先立って、政基の居所長福寺へ各村毎、土丸村・船淵村・菖蒲村・大木村と順に参堂した。

翌日には、滝宮に四カ村の村人が集まって「風流ハヤシ」を奉納したあと、「式三番《しきさんばん》」・「鵜羽《うのは》」などの猿楽を演じた。九条政基はこの村人の芸能について、「誠《まこと》に柴人《しばびと》の所作《しょさ》希有《けう》の能立《のうだて》て也、皆見物の者等耳目《じもく》を驚かす」とか、「賤士《せんし》の柴人《しばびと》等の所行の体《てい》、都の能者《のうじゃ》に恥《は》じず」とその内容に驚いている。注目されるのは、翁舞《おきなまい》の「式三番」以外に「鵜羽《うのは》」が上演されていることである。現在は廃曲となっているが、室町時代から江戸時代にかけては、最も上演頻度の高い脇能であった。この曲が都を離れた日根荘でも上演されるほど村々の能楽が盛んになって来た時代でもあった。

雨乞い

干害は農民にとって深刻なものであったが故に、祈雨（雨乞い）が度々行なわれた。

『政基公旅引付』文亀元年（一五〇一）七月条には、雨乞いの様子が詳しく記されている。雨乞いには、犬鳴山七宝瀧寺《いぬなきさんしっぽうりゅうじ》の僧達が従事した。まず滝宮（火走神社）社頭で雨乞いの祈禱を行ない、三カ日の内に降らなければ、七宝の滝において祈禱し、それでも降らなければ、不動明王の堂で祈禱し、それでも降らなければ、七宝の滝で鹿の骨あるいは鹿の頭などの不浄の物を滝壺へ投げ込んで祈禱することになっていた。何としても降雨を願う周辺農民の願いが、古来このような風習を生んでいったと考えられる。

この年七月の祈雨は、さいわい三日を経ずして雨が降った。九条政基も農民達とともに喜んで「大《だい》明神《みょうじん》の神変《しんぺん》、不思議働くべし、尊ぶべし、今日雨乞い三カ日に当り了んぬ、感涙押え難《かんるいおさえがた》きもの也。」と日記に書いている。

八月十三日には、「雨喜びの風流（踊）」なるものが催されている。雨乞いの結果降雨があった時には、入山田四カ村が滝宮に集まり、上二カ村が絹（白色カ）の旗、下二カ村が紺の旗を押し立て、風流踊を奉納している。また相撲以下社頭の儀式も行なわれたという。芸能と祭礼が一体として行なわれており、このような「雨喜びの風流（踊）」も農民の重要な行事であったことがうかがえる。

以上、『政基公旅引付』によって、戦国時代の村のくらしを探って来た。『政基公旅引付』のおもしろさは、戦国時代の村のくらしを赤裸々に表現していることにあるだろう（森田恭二著『古代・中世くらしの文化』和泉書院、一九九六年）。

15

戦国動乱と丹波地方

波多野氏居城の一つ丹波国数掛山城跡

丹波守護代波多野氏

戦国時代の一地方の例として丹波国を見て行こう。この時代地方では戦国大名が現れてその領国を形成する。

おそらく戦国時代の丹波国は、この地を支配した丹波守護代波多《はた》野《の》氏の領国と化した。それゆえ丹波国で戦国大名と呼べるに近いものは、この波多野氏であろう。

波多野氏は、応仁の乱前室町幕府奉行人として見え、一族の秀久《ひでひさ》は、管領細川氏の内衆として、細川勝元およびその子政元に仕えている。

丹波国波多野氏の祖清秀《きよひで》は、石見国の土豪吉見氏一族であったが、周防国《すおうのくに》大内氏麾下《きか》であった母方の姓波多野を名のり、応仁の乱前後から細川勝元《かつもと》に仕えた。『幻雲《げんうん》文集』によると、応仁の乱で勲功があり、細川政元によって、丹波国多紀郡を与えられたという。そして多紀郡八上《やかみ》の地に居館を定め、山頂の山城と麓の居館を有する八上城を築いたと思われる。

清秀の継子元清《もときよ》は、永正年間頃に登場する。永正四年（一五〇七）五月、細川政元による丹波攻めの際、内藤貞正《さだまさ》とともに、波多野孫四郎元清が加屋《かや》城を攻めている（『細川大心院記』）。永正四年六月、細川澄元《すみもと》が上洛すると、波多野元清も澄元に就いている。しかし、永正五年六月頃には、細川高国《たかくに》へ転じている（『瓦林正頼記』）。その後は、自己の支配領域を拡大すべく、丹波国多紀郡大山荘や摂津国川辺郡杭瀬庄《くいせのしょう》に乱入して寺家方と争っている。その後も、元清は禁裏御料所丹波国上村荘《かみむらのしょう》へも勢力を拡大、代官職を得ている。

大永六年（一五二六）、波多野元清《もときよ》と柳本賢治《かたはる》は、細川晴元《はるもと》に通じ、細川高国に反旗をひるがえしている（『細川両家記』）。

波多野氏居城丹波国八上城（篠山城より遠望）

大永七年、池田城に籠城して高国方と戦ったが、享禄四年（一五三一）三月、池田城は落城、籠城の阿波衆二百余人が討死した。波多野元清は東条又四郎と逃亡したが、途中摂津山田付近で切腹したと、『細川両家記』が書いている。

その跡は波多野秀忠《ひでただ》が嗣いでいる。すでに大永七年（一五二七）からの細川高国と晴元方の合戦に参戦して、禁制を発給している（「加茂別雷神社文書」）。

天文年間には御料所桐野河内村の支配に関わっている。幕府から丹波守護細川晴元へ、晴元奉行人から丹波守護代波多野秀忠へ、秀忠から郡代荒木清長《きよなが》へ、年貢納入が命ぜられたが、守護代波多野氏以下、郡代荒木氏らの在地の国人・土豪らは、敵方欠所と号して、

波多野氏居城丹波国八上城跡

次第に御料所内にもその支配を強めて行った（「古蹟文徴」・「蜷川文書」）。

公家山科言継《やましなときつぐ》の日記『言継卿記《ときつぐきょうき》』天文十三年（一五四四）六月二十三日条には、秀忠のことを「丹波守護波多野備前守《びぜんのかみ》」と記しており、実質上守護と見られていたと思われる。

天文十五年から細川氏綱《うじつな》方と晴元方の合戦が激しくなるが、秀忠は晴元方武将として各地に転戦している。

波多野秀忠の後継は波多野元秀《もとひで》で、天文十六年（一五四七）、波多野元秀は細川勝元方として、三《み》好長慶《よしながよし》方の軍勢と丹波国諸所で戦っている（「波多野家文書」）。

天文二十一年（一五五二）、波多野元秀は三好長慶との抗争に対し、摂津国塩川国満《くにみつ》を仲介として一族の波多野秀親《ひでちか》・次郎と和解している。この和与は、三好長慶方の丹波攻撃に備えるものであった。

しかし、八上城は弘治三年（一五五七）十月、松永久秀《ひさひで》方に奪われ、松永孫六《まごろく》が入城した。

戦国期波多野氏最後の当主は、波多野晴道《はるみち》の子息秀治《ひではる》である。八上城が松永久秀に奪われて以降、秀治は丹波国黒井城の荻野《おぎの》直正《なおまさ》のもとに逃れていた。

『細川両家記』によると、永禄九年（一五六六）二月、波多野方が松永孫六らを破り、八上城を奪還したことを記す。この波多野方は「言継卿記《ときつぐきょうき》」永禄十年七月十日条により、「波多野上総介《かずさのすけ》（元秀）」と考えられるが、その後継となる秀治らも、その麾下《きか》にいたことは十分考えられる。

しかし、天正六年（一五七八）十二月、波多野秀治の八上城は織田信長方明智《あけち》光秀《みつひで》の包囲作戦を受ける所となった。

『信長公記』は、次のように記す。

惟任《これたふ》日向守は直《すぐ》に丹波へ相働き、波多野が館《たち》取巻き、四方三里がまわりを惟任一身の手勢を以て取巻き、堀をほり、塀《へい》・柵幾重《さくいくへ》も付けさせ、透間もなく堀際《きは》に諸卒町屋作《まちやづくり》に小屋を懸けさせ、其上、廻番《まはりばん》を丈夫に、警護を中付け、誠に獣《けだもの》の通ひもなく在陣候なり、

八上城は明智軍に包囲され、堀をほり、塀や柵で囲まれ、飢死を待つ態勢がとられた。

天正七年（一五七九）二月晦日付で、波多野秀治は兵庫屋惣兵衛あてに「今度籠城相詰・依忠義令免除事」と題する書下《かきくだ》しを与えている（「大阪城天守閣所蔵文書」）。それは徳政令の免除・領内の関通行権、米留の時の馬二匹分の通行権などの特権を与えたものであった。兵庫屋（渋谷家）は八上城下の特権商人であり、のち松平康重の入った篠山城下でも特権を与えられている。

『信長公記』は、波多野秀治の最期を、

籠城の者既に餓死に及び、初めは草木の葉を食とし、後には牛馬を食し、了簡尽果無《れいけんつきはてむ》体《たい》に罷出《まかりいで》候

丹波篠山城

丹波篠山城大書院

を悉く切捨《きりすて》、波多野兄弟三人の
者調略を以つて召捕り、

と記している。

城中は食料もなくなり、草木を食し、牛馬を食したが、ついにそれも果て、波多野秀治らは捕えられ、安土に送られ、処刑されたという。

文明年間（一四六九～八七）から、天正七年（一五七九）まで、約百年間、丹波国に君臨した波多野氏嫡流は、ここに八上城とともに滅亡した。波多野氏は、多紀郡八上城を本拠として、城郭や城下町も形成され、さながら丹波国の「戦国大名」であったが、ここにその歴史の幕を閉じた。

城下町篠山の成立

丹波国の戦国大名ともいうべき波多野秀治が滅んだ後には、織田信長の臣明智光秀による丹波国支配、ついで豊臣秀吉政権下に前田玄以による領国支配の拠点として、八上城とその城下町八上があっ

丹波篠山城馬出し

丹波篠山城城下町

た。しかし徳川幕藩領国体制の再編の中に、家康の子息松平康重《やすしげ》が入部、ここに新城篠山城とその城下町篠山が築かれることになった。新城篠山城とその城下町はどのように建設されたのであろうか。

松平康重の丹波国八上入部

天正三年（一五七五）明智光秀は織田信長の命を受け丹波経略に着手し、苦戦の末、天正七年（一五七九）ついに波多野氏一族を滅ぼした。

丹波国を宛がわれた明智光秀は拠点を亀山（岡）に置き、八上城には城代として家臣を置いた。天正十年（一五八二）信長を本能寺に討った明智光秀は、山崎の合戦により豊臣秀吉に敗れた。豊臣政権下の八上城は不詳だが、今はっきりしていることだけを記せば、亀山城主前田玄以《げんい》とその子前田茂《しげ》勝《かつ》の支配があげられる。天正十三年（一五八五）から慶長七年（一六〇二）まで丹波亀山城主として前田玄以が支配を行なった。前田茂勝は慶長七年父玄以の死後、父の遺領のうち丹波国で多紀・桑田両郡、摂津国で太田、菟原両郡の計五万石で、丹波国八上城を徳川家康より与えられた。しかし、家康の転封・改易策により、慶長十三年（一六〇八）病気（精神病であったらしい）を理由に丹波国八上を改易され佐渡島へ流された。大坂城包囲の転封改易策の一環として前田茂勝の後には、はじめての譜代大名として、そして最も西端に配置する譜代大名として松平康重が丹波国八上へ入部することとなった。

松平康重の転封は、「徳川氏の外様大名に対する転封・改易による豊臣領国体制の変化と、徳川一門及び譜代大名の転封、配置による徳川幕藩領国体制の拡大」の一環であったということができよう。

松平康重の父松井忠次は、戦功により家康から松平康親《やすちか》の名を与えられ、この康親以降を松井松平家と称している。松平康重は永禄十一年（一五六八）三河国幡豆郡吉良荘《きらのしょう》の東条城に生まれた。「武蔵川越初代松井家譜」によると、実母は三河賀茂氏の女で、家康の侍女であったが懐胎三カ月で家康から康親に与えたとある。即ち松平康重は実は家康の庶子であった。天正八年（一五八〇）十三歳の時家康に謁し、父康親死後十六歳にして遺領を継ぎ、伊豆国境三枚橋城主となり、天正十八年（一五九〇）家康の関東入国と同時に武蔵国騎西領において二万石を与えられ、慶長六年（一六〇一）には常陸国笠間城主となった。笠間から八上への転封に関して、『寛政重修諸家譜《かんせいちょうしゅうしょかふ》』には、「十三年領地をくはえられ、笠間を転じて丹波国篠山にをいて五万石余をたまひ、御朱印《しゅいん》を下さる。」とあり、移封の月日は明らかでない。しかし笠間へ下した幕府の老中下知状の月日が慶長十三年九月二十五日である。また同年十二月下総佐倉城主小笠原吉次《よしつぐ》が常陸国笠間へ転封している。従って、松平康重の転封は同年十一月頃と推定できる。

多紀郡大山の「園田家文書」にある十一月十九日八上入城が正確な日付と思われる。

松平康重は翌慶長十四年（一六〇九）幕命による助役を得て、新城篠山城の築城を行ない、十二月二十六日、八上城から篠山城へ移り、篠山藩の基礎を築くこととなった。

篠山築城と城下町の建設

慶長十四年前後は江戸に開幕した家康が大坂方を追い込むべく様々の政策を実行していた時であった。諸大名の転封《てんぷう》、改易《かいえき》や、幕命による多くの築城は大坂城包囲作戦の一環であった。『当代記《とうだいき》』に「慶長十二年八月以前九州四国中国衆何れも城普請専ら也、乱世遠からずとの分別か」とあるように、大坂方諸大名も戦乱の準備をしていたので非常に緊迫していた状態であった。かくて篠山一帯を重視した家康は、ここに新城を築いて、来るべき事態に対処せんとした。藤堂高虎《とうどうたかとら》の伝記『公室年譜《こうしつねんぷ》』に「丹州は山陰道の要地たるに八上の城地は要害悪しきに依て是を廃し、其辺篠山に城を築くべきの沙汰なり、遂に康重八上に赴き云々」とあり、同じ意味のことが『徳川実記《とくがわじつき》』にも出ている。

このように家康は新城篠山城築城の使命を松平康重の入部と同時に与え、西国外様大名に対する抑えとして、又大坂方攻撃の拠点として篠山築城を実行したものと思われる。

篠山築城は、慶長十四年（一六〇九）三月、いよいよ始まり、六月には助役の諸大名の家臣が参着した。

助役の大名・旗本については文献により多少異なるが、まず普請奉行はすべての文献に、藤堂高虎・石川重次・内藤忠清・玉虫繁茂の名がみえ、『大日本史料』にある各大名・旗本側の史料や『寛《かん》政重修諸家譜《せいちょうしゅうしょかふ》』からこの四人の名が確認できる。

普請奉行以外の諸大名については、丹波国福知山の有馬豊氏《ありまとようじ》、播磨国姫路の池田輝政《てるまさ》、美作国津山の森忠政《ただまさ》、土佐国高知の山内忠義《ただよし》、長門国萩の毛利秀就《ひでなり》が助役を行なったことが、『大日本史料』・『寛政重修諸家譜』で確認できる。

『石川正西聞見集《ぶんけん》』・『譜牒余禄《ふちょうよろく》』によると、この他にも安芸国広島の福島正則《まさのり》・伊予国松山の加藤嘉明《よしあき》、その他、丹波・丹後・備前・備中・阿波・讃岐・伊予・紀伊の諸大名が助役したという史料もある。

篠山築城は幕命による短期の急いだ工事であったので、慶長十四年十二月には一応完成し、十二月二十六日松平康重が旧八上城から新篠山城へ移ったが、完全に完成するには二年間を要したようである。それは岩の多い地盤であったため仲々の難工事であった。

城郭の築城が終わると、まず侍屋敷の建設が行なわれた。侍屋敷の規模は町屋に対してほぼ三分の二で、後に職掌によって、御徒士町《おかち》・小姓町・餌差町等が名付けられるに至った。一方寺院・神社の移転も行なわれた。築城地となった黒岡村篠山という小山に有った春日大明神は、城下の北の小山へ移転され、領主の保護を得て規模を拡大し篠山春日神社となった。八上城下には、波多野氏の菩提寺東仙寺があったが、戦国期の戦乱で崩壊してしまった。松平康重が城下町篠山建設と同時に八上城下から篠山城下に移転した寺院に、次の六寺院がある。

浄土真宗西本願寺末嶺松山尊宝寺
浄土宗京都誓願寺末清浄山誓願寺
浄土宗京都誓願寺派開法山真福寺
曹洞宗洞光寺末普門観音寺
浄土宗知恩院末清涼山来迎寺
日蓮宗宝船山妙福寺

これらの寺院は城下町の重要地点や鬼門、すなわち町の出入口や町の四方に配置された。

慶長十五年（一六一〇）一月、町割と町屋の移入が開始された。

『篠山城記』によると、家老の岡田内匠が地割奉行となってまず八上の町屋の移入が開始された。町屋の移入は八上城下のみより行なわれたものでなく、味間・宮田・追入等からも行なわれた。

宮田は宮田荘の中心地で、中世後期には市が立ち駅馬が置かれて町場ができていた。他の味間・追入等も同様の町場ができていたものと思われる。これらの地域は、城下町篠山の建設にともない町建《まちだて》どかかって、寛永年間の終わり頃ほぼ完成した規模となった。

城下町篠山の支配組織の成立

慶長十四年（一六〇九）、新城篠山城に移った松井松平家の松平康重は、大坂の役にも出陣し、元和五年（一六一九）和泉国岸和田城へ転封した。

ついで元和五年藤井松平家の松平信吉《のぶよし》が上野国高崎城から篠山城へ入城し、その子松平忠国《ただくに》の代になって慶安二年（一六四九）播磨国明石城へ転封した。その後へは形原《かたみはら》松平家の松平康信《やすのぶ》が摂津国高槻城から入部し、五代の間城主が続いた。このような訳で、城下町篠山の町方支配は松井松平家および藤井松平家の領主によって着手され、形原松平家の領主によって完成されたものと思われる。

慶長十五年（一六一〇）一月の町割と町屋の移入に始まった城下町篠山建設は、寛永年間の終わり頃ほぼその形態を整え、上河原町・下河原町・小川町・上立町・下立町・呉服町・二階町・魚屋町・上西町・下西町の十町の行政区画が置かれた。これら十町の行政区画は、青山家時代（寛永二年〈一七四九〉藤井松平家信岑《のぶみね》は丹波国亀山城に転封し、その後亀山城より青山忠朝《ただとも》が入部し、以後幕末まで青山家の領主が続いた）には、二階町が上二階・下二階町に分かれて十一町となる。各町は旧城下町八上をはじめ、近郷の商人の雑居であり、最初から一つの共同体ではなかった。

そこでまず領主はどのような手段をとったのであろうか。城下町建設と同時に、松平康重は八上から二名の有力商人を篠山城下に屋敷地を与えて住まわせている。一人は追手門正面の上二階町に屋敷地を与えた兵庫屋惣兵衛《そうべえ》であり、もう一人は追手門通横同じく上二階町に屋敷地を与えた渋谷善兵衛であった。この二名は、八上城下で郡代という町役人を勤めた家格であった。渋谷家はその「渋谷家《しぶやけ》代々明細《だいだいめいさい》」という史料によると、波多野秀治統治下の八上城下においてすでに郡代として勤めていた。八上城落城後、明智光秀の家臣や前田玄以の家臣が八上城代であった時にも、渋谷家は持高百五十石をもらい、八上城下往来の連雀商人より運上を取ったり、城下の取締を行ない、山陰道伝馬御免の特権を与えられていた。すなわち、渋谷家はすでに、八上町人の最高位者としての地位を与えられており、その地位を篠山藩成立まで保っていたのである。「渋谷家代々明細」は、渋谷善兵衛について、「周防殿（松平康重）御代八上高之内右持高四十九石」と記している。領主松平康重はこの渋谷善兵衛を利用して、新城下の町方を統率しようとしたのであった。領主松平康重は、八上屋敷の替地として間口二十八間、奥行二十二間の屋敷を与え、永代地子御免の特権を与えたのである。このことは土豪や有力商人に特権を与えて百姓や町人を統率しようとした領主側の意図として注目される。

兵庫屋も同じように八上城下において郡代を勤めた家であり、篠山築城後上二階町へ移転させられ、地子御免の特権を与えられ、篠山城下の町役人として、渋谷家と同じく、その地位を保った。

寛延二年（一七四九）青山忠朝が領主になってから郡代が惣代と改められ、町惣代とよばれた。

以上、一城下町、丹波国篠山町の成立について、中世末期の歴史的背景と近世初期の成立過程を、主として領主の城下町支配から見て来た。丹波国篠山成立の場合には、特に波多野氏の領国統一とその城下町八上が土台となっていることがわかる。旧城下町八上については史料の不足などから十分にその内容が解明できていないが、中世末期城下町＝初期城下町として位置づけることができるであろう。そして新城下町篠山成立の背景には、織豊政権による全国統一と徳川幕藩領国体制への再編成という全国的変動があったことはいうまでもない。新城下町篠山の町方支配については、旧城下町八上の有力商人をそのまま新城下町篠山の支配に利用したことがわかった。

16

織田信長と安土城

織田信長の魅力

織田信長は、天文三年（一五三四）尾張国織田《おだ》弾正忠《だんじょうちゅう》信秀《のぶひで》の子として生まれた。時は戦国時代、父信秀は、尾張下《しも》四郡を支配する織田家の家老であった。天文十五年、元服して織田三郎信長と名のったが、同二十年父信秀が死去すると、十八歳で家督をつぎ、自ら上総介《かずさのすけ》と称した。風雲児信長が尾張一国を統一し、やがて、「天下布武《てんかふぶ》」のスローガンのもと全国統一に向かったが、彼の魅力はどこにあったのだろうか。

信長の家は、庶流の織田家の一つであった。織田家は、守護大名斯波氏の尾張守護代の一族であった。この織田家に、上織田家・下織田家の二家があったが、信長の家は、下織田家の家中奉行人織田家の一つにすぎなかった。

しかし、父織田信秀は、下剋上の大勢に乗り、信長の生まれる頃には、全尾張の旗頭的存在にまでのし上がっていた。

ところが、この父信秀が、信長十八歳の頃死んでしまう。おまけにこの頃の信長は、茶筅《ちゃせん》まげに、虎皮・豹皮の半袴をはき、腰に大打袋とひょうたんをぶらさげたいで立ちの、いわゆる「うつけ者」・「かぶき者」の風情であった。

『信長公記』首巻に、次のようにある。

信長十六・七・八までは別の御遊びは御座なく、馬を朝夕御稽古《けいこ》、又三月より九月までは川に入り、水練の御達者なり、其折節、竹鑓にて扣合《たたきあい》御覧じ、兎《と》角《かく》鑓はみじかく候ては悪しく候はんと仰せられ候て、三間柄・三間間《ま》中柄《なかえ》などにさせられ、其比の御形儀、明衣《ゆかたびら》の袖をはづし、半袴、ひうち袋、色々余多付けらせられ、御髪《おぐし》はちゃせんに、くれなゐ糸・もゑぎ糸にて巻立てゆわせられ、太刀朱ざやをさゝせられ、悉く朱武者《あかむしゃ》に仰付けられ、

（中略）

町を御通りの時、人目をも御憚《おんはばかり》なく、くり・柿は申すに及ばず、瓜をかぶりくひになされ、町中にて立ちながら餅をまいり、人により懸り、人の肩につらさがりてより外は御ありきなく候、其比は世間に公道なる折節にて候間、大うつけとより外に申さず候、

（中略）

信長御焼香に御出《おんいで》、其時信長公御仕立、長つかの太刀・わきざしを三五《みご》なわにてまかせられ、髪はちゃせんに巻立《まきたて》、袴もめし候はで仏前へ御出であって、抹香をくはっと御つかみ候て、仏前へ投懸け御帰り、

（中略）

三郎信長公を例の大うつけよと執々《とり〱》評判候なり、其中に筑紫の客僧一人、あれこそ国は持つ人よと申したる由なり、

（奥野高広・岩沢愿彦氏校注『信長公記』角川文庫、一九六九年）

『信長公記』によると、信長は十六、七歳頃まで、乗馬や水練それに竹槍に興じて、他の遊びはし

なかったという。「うつけ者」といわれた風変わりな信長のいでたちを詳しく書いている。

「ゆかたびらの袖をはずし、半袴で、ひうち袋など色々なものをつけ、頭髪は茶筅頭《ちゃせん》にくれない色・もえ黄色の糸で巻き立て、太刀《たち》は朱ざやを差していた。」とあり、かぶき者のような風貌であったと考えられる。

町を通る時には、人目もはばからず栗・柿・瓜・餅をかぶり喰いしていたともいう。

父信秀の葬儀に際しては、「長つかの太刀三五なわにてまかせられ、髪は茶筅に巻立て、袴もめし候わで、仏前へ御出あって、抹香をくわっとつかんで、仏前へ投げかけた。」という。

三郎信長は「大うつけ」と評判されたが、筑紫の客僧一人が、「あれこそ国を持つ人物になろう。」と予言したと、『信長公記』が記している。

すなわち、信長の魅力とは、中世的な支配体制や社会道徳を超越し、戦国動乱を統一に向かわせる改革姿勢があったといえよう。

事実、天正元年（一五七三）、室町幕府を実質的に倒壊させ、「天下殿」と呼ばれる新しい統一政権を打ち立てようと雄飛したのであった。しかし、天正十年（一五八二）、志半ばで凶刃に倒れ、その構想の実現は、後継の秀吉・家康を待たねばならなかった。

安土城下町の成立

六角氏の居城近江観音寺《かんのんじ》城《じょう》では、すでに城下に町場が形成されていた。これを石寺新市《いしでらしんいち》と呼び、六角氏から座特権が廃止され、自由営業が認められた楽市であった。この石寺新市は観音寺城下からやや離れた構《かまえ》口の外に立地し、中山道に沿って老蘇《おいそ》神社付近にあり、城下と二元的構造を成していた。

この二元的構造が改善され、一元的な城下町が形成されたのは、安土城下町であった。

近江安土城跡

安土では、上級家臣団の屋敷地は惣構《そうがまえ》内に、中下級家臣団の屋敷地と商人・職人の居住地は惣構外に設けられた。惣構外の居住域は、整然とした街区の中に収められ、城下は安土城を中心として空間的に一体化され、市町が城下と空間的に分離することはない。発掘調査によると、これら整然とした区画は、条里制による地割が盛土整地された後、城下を貫通する朝鮮人街道の向きに従う新たな地割の施行によって形成されたと推定されている。

天正五年（一五七七）、安土に出された楽市令は、この一体化した城下全体の「安土山下中」を対象として出された。これによって大名に直属する商人・職人と市町に依拠した商人・職人が社会的にも統合され、安土の商人・職人を城下に全面的に集住されることを可能にした。

信長の目ざした新国家体制を、この安土の城下町と安土城そのものの構造に、うかがうことができる。

近江安土城跡

安土城の新発見

世界の動向に目を見張った信長の構想は、安土城築城に発揮された。

安土城は、京都に近く、琵琶湖の水路に恵まれ、北は北陸に通じ、南は伊勢につながる交通の要衝に築城されたのである。

この城を城主信長を訪ねて、豊臣秀吉・徳川家康・明智光秀らの武将や、ポルトガルの宣教師が出入した。城下には、キリシタンの会堂やセミナリオも建造された。

平成十一年（一九九九）の調査で、安土城本丸に清涼殿《せいりょうでん》と同様の御殿が存在したことが明らかとなった。

以下、滋賀県教育委員会編『特別史跡安土城跡発掘調査報告11』（滋賀県教育委員会、二〇〇一年）によって、発掘成果を見てみよう。

検出した礎石に基づいて復原した本丸建物の平面は、天皇が常住する清涼殿に酷似していることが分かった。信長は天正五年と十年に、安土城への天皇行幸を計画したが実現しなかった。また、『信長公記』天正十年正月朔日の条には、天主近くに「一天の君、万乗の主の座御殿」である「御幸の御間」なる建物があり、内に「皇居の間」が設けられていたと記されている。まさに今回検出した建物が、天皇行幸のため信長が用意した行幸御殿だと考えられる。ちなみにこの記事は、信長が礼銭百文を取って、一門衆はじめ他国衆や安土在勤の家臣達に「御幸の間」を拝観させた時の記録であるが、今回の調査結果からその順路を推定することが可能である。すなわち「御天主下の御白洲」（本丸建物南の空閑地）に集まり、「南殿」（殿上之間から諸大夫之間）に上がり、「江雲寺御殿」（三の丸）を見物した後、「御廊下」（本丸東北隅の櫓門上階の渡櫓）続きに「御幸の御間」（清涼殿）を見てもとの白洲にもどり、「御台所口」（殿台所跡の東南入口）へ集まり「御厩口」（伝米蔵跡の西北入口）で各自十疋（百文）宛礼銭を手渡したと解釈できる。（中略）

この本丸建物は、最後の中世風清涼殿（康正度内裏）と最初の近世風清涼殿（天正度内裏）の中間に位置し、その変遷過程の中にあって近世風清涼殿との近似が大きいといえる。信長が天皇を迎えるために安土城内に用意した建物は、天皇常住の住まいである中世以来の清涼殿（信長は永禄・天正年間に康正度内裏を数度にわたり修理している）、新たに最新の武家住宅様式を取り入れたものであった。信長の死後、秀吉は安土城本丸建物をもとに若干規模を拡大して、天正度内裏の清涼殿としたと考えられる。

くしくも『信長公記』天正十年条にある信長が他国衆に見物させた清涼殿と同様の御幸の間が発見されたのである。

〈参考〉

『信長公記』巻十五・天正十年条

正月朔日、隣国の大名・小名御連枝の御衆、各在安土候て、御出仕あり、百々の橋より惣見寺《そうけんじ》へ御上りなされ、生便敷《おびただしき》群集にて、高山へ積上げたる築垣を踏みくづし、石と人と一つになってくづれ落ちて、死人もあり、手負は数人員《かず》を知らず、（中略）
惣見寺毘沙門堂《びしゃもんどう》御舞台見物申し、おもての御門より三の御門の内、御殿主の下、御白洲まで祗候《しこう》仕り、爰にて面々御詞を加へられ、先々次第のごとく、三位中将信忠卿・北畠中将信雄卿・織田源五・織田上野守信兼、此外、御一門歴々なり、其次、他国衆、各階道《きざはし》をあがり、御座敷の内へめされ、悉くも御幸の御間拝見なさせられ候なり、御馬廻・甲賀衆など御白洲へめされ、暫時逗留の処、御白洲にて皆々ひゑ《（冷え）》候はんの間、南殿へ罷上り、江雲寺御殿を見物仕候へと上意にて、拝見申候なり、御座《おんざ》敷惣金《しきそうきん》、間《ま》毎《ごと》に狩野永徳《かのうえいとく》仰付けられ、色々様々あらゆる所の写絵筆に尽くさせられ、其上四方の景気、山海・田薗・郷里、言語道断面白き地景申すに計りなし、是より御廊下続きに参り、御幸の御間拝見仕候へと御《お》諚《おせ》にて、かけまくも悉き、一夫君・万乗の主の御座御殿へ召上せられ、拝濫に及ぶ事、有難く、誠に生前の思ひ出なり、御廊下より御幸の御間、元来檜皮葺、金物日に光り、殿中悉く惣金なり、何れも四方御張付け、地を金に置上げなり、金具所は悉く黄金を以て仰付けられ、斜粉《ななこ》をつかせ、唐草を地ぼりに、天井は組入れ、上もかゝやき下も輝き、心も詞も及ばれず、御畳、備後面、上々に青目なり、高麗縁、雲絹縁、正面より二間の奥に、皇居の間と覚しくて、御簾の内に一段高く、金を以て瑩立《みがきたて》、光輝き、衣香当を挠《はらって》四方に薫じ、御結構の所あり、東へ続いて御座敷、幾間もこれあり、爰には御張付、惣金の上に色絵に様々かゝせられ、御幸の御間拝見の後、初めて参り候御白洲へ罷下り候処に、御台所の口へ祗候《しこう》候《そうら》へと上意にて、御厩の口に立たせられ、十疋宛の御礼銭、悉くも信長直《じき》に御手にとらせられ、御後へ投げさせられ、他国衆、金銀、唐物、様々の珍奇を尽し上覧に備へられ、生便敷《おびただしき》様躰申し足らず、

（奥野高広・岩沢愿彦氏校注『信長公記』角川文庫、一九六九年）

17

千利休と茶の湯の文化

一乗谷武家屋敷茶室の復元

千利休

千利休は大永二年（一五二二）、堺の今市町の商人田中与兵衛《よへえ》の子として生まれている。利休の生家の商売が何であったかは不詳であるが、彼が遺言状として作成した「利休譲状《ゆずりじょう》」（末期の文）に、

　問《とい》ノ事　泉国ある程の分
　同佐野問　しほ《（塩）》魚座ちん　銀百両也

とあり、利休の家は和泉一円の問丸《といまる》を支配し、堺の南方泉佐野に問塩魚座を持ち、それから銀百両を徴収していた家であったことがわかる。

　座は天正十三年（一五八五）頃秀吉によって多く破壊されたが、なお堺にはこのような形で豪商の持つ座が残されていた。

　小瀬甫庵《おぜほあん》は『太閤記《たいこうき》』で、「京都の町人は利害に敏感だが、堺の町人には武士の風情がある」と記している。この堺商人から、武野紹鷗《たけのじょうおう》・千利休《せんのりきゅう》・今井宗久《いまいそうきゅう》・津田宗及《つだそうぎゅう》などの茶人が出た。

　利休の茶の湯は、堺豪商たちの育んだ茶の湯の文化であった。豪商たちは邸宅の一角に文字通り「市中《しちゅう》の山居《さんきょ》」である茶室をもち、本業のかたわら「寄合《よりあい》の場」をもった。

　茶室は草庵風の粗末な造りで、人々の心の交流が重んぜられた。そこは「一期《いちご》一会《いちえ》」の場であり、禅宗的教養が重要であった。

茶の湯の文化の中では、茶の湯の作法が成立したが、「お道具」として、舶来の茶碗や茶器が尊ばれるようにもなった。

堺商人出身の千利休は、永禄十一年（一五六八）の織田信長入京によって、歴史の舞台に登場することとなった。信長は利休を茶頭《さどう》とし、信長主催の茶会の差配をまかすこととなった。しかし、天正十年（一五八二）六月、本能寺の変で信長は討たれた。

堺千利休屋敷跡

豊臣秀吉の天下になると、翌天正十一年五月、近江坂本で開かれた秀吉主催の茶会に、利休は早くも参席している。

天正十三年（一五八五）七月、秀吉は関白に任じられ、返礼のため禁中小御所で茶会を催した。秀吉は菊の間において自ら正親町《おおぎまち》天皇のために茶を点てたが、隣の間に控えてこれを後見したのが、千利休である。この時用いたのが、利休という居士号である。

天正十五年（一五八七）十月一日、秀吉が聚楽第《じゅらくてい》の落成記念をかねて催したのが、ほど近い北野天満宮での大茶会である。利休はこの茶会の推進役ではあったが、堺衆に対して秀吉の怒りがあったのか、わずか一日で中止されている。

られている。

天正十九年（一五九一）二月二十八日、利休は秀吉の命により切腹させられた。利休死罪の理由には、いくつかの説がある。一つは、大徳寺山門に置いた利休の木像が原因と考えられている。

伊達家家臣鈴木新兵衛尉書状には、

茶の湯天下一の宗易《そうえき》、無道のさばき年月連続の上御追放、行方《ゆくえ》無《な》く候。然る処に、右の宗易、その身の形を木像に造り立て、紫野大徳寺に納められ候を、殿下様（秀吉）より召上げられ、聚楽《じゅらく》（第《てい》）の大門、もどり橋と申し候所に、はりつけにかけさせられ候、木像のはりつけ誠《まこと》に前代未聞の由、京中に申す事に候、見物の貴賤《きせん》際限無く候、右はりつけの脇に、色々の科《とが》ども遊ばれし御札を相立てられ候、おどろしき御文言あげて計《かぞ》うべからず候。

と書かれており、大徳寺山門の利休木像が秀吉より召上げられ、木像そのものが磔刑にかけられたという。

一方、北野神社の『松梅院禅昌日記』天正十九年二月条には、

廿九日、宗えきと申す者、天下一の茶の勝者にて候つれ共、色々まいす（売僧）仕《つか》まつり候故、御成敗ありし也、

と書かれ、利休が「色々まいす仕《つか》まつり候」と茶道具を高値で売却した売僧《まいす》として処罰されたとしている。

また、興福寺の僧英俊《えいしゅん》の日記『多聞院日記《たもんいんにっき》』天正十九年二月二十八日条には、

スキ者の宗益（易）、今暁腹切り了んぬと、近年新儀の道具ども用意して、高値に売る、マイスの頂上也とて、以つての外、関白（秀吉）殿御腹立、

と書かれている。「スキ者」とは「数奇者」のことで、処罰の理由は茶道具を高値で売却した「マイス（売僧）」の行為であったとしている。

しかし、大徳寺木像も売僧《まいす》行為も過去のことであり、この期に及んでの処罰には、やはり疑問が残る。

二月二十八日、利休は京都不審庵に、秀吉の検死三使（尼子三郎左衛門・安威摂津守・蒔田淡路守）を入れ、蒔田淡路守の介錯で切腹した。妻宗恩は、利休の死骸に白の小袖をかけたという。一条戻り橋にさらされた利休の首は、大徳寺山門の利休木像に踏ませられていたという。

死に臨んだ利休は、三日前の二十五日、一通の遺偈を認めている。この遺偈を前にした時、私は全身のふるえが止まらなかった。

人生七十
力囲希咄
吾が這《こ》の宝剣
祖仏共に殺す

提《ひっさ》ぐる我が得具足《えぐそく》の一つ太刀
今此の時ぞ天に抛《なげう》つ
天正十九仲春廿五日　　　　　　　　利休宗易居士（花押）

この遺偈《ゆいげ》は、利休真筆のものが残っている。七十歳となっていた利休は、秀吉からの命をもはやこれまでと覚悟し、その心境を綴っている。利休の決死の覚悟の背景には、禅的教養があったことが読みとれる。

芳賀幸四郎氏の『千利休』（吉川弘文館人物叢書、一九六三年）では、この遺偈《ゆいげ》を次のように訳している。

七十年のわが生涯を顧みると、そこには悲喜・苦楽・得失・栄辱、まことにさまざまなことがあった。しかし、その人生とも今やおさらばじゃ、といって、今の私には生への執着もなければ死の恐怖もなく、また恩怨もなければ愛憎もない。エイ!!　クソ!!　一切合財、これでご破算じゃ、そして私のこれから超入する世界、そこには悲喜も苦楽も、得失も栄辱も、さらには迷悟も生死もない絶対の世界である。さあ、これからその世界で自由自在に遊戯三昧しようぞ。

そこには禅の高い境地に達した利休の姿があった。生死も苦楽も超越した高い禅の心境に達していた堺の豪商、茶の湯の達人としての千利休が現れている。

利休処刑の理由には、大徳寺山門の利休木像が因とする説、『北野松梅院日記』や『多聞院日記』

の記す「売僧《まいす》」説があるが、おそらく罪状とされたことは、両方とも入っていたであろう。利休を処刑する事実が先にありその理由は後から付けられたものであろう。

利休処刑を意図した勢力とは、石田三成らを中心とした反利休派の大名達であろう。その背景は、利休処刑の前月、天正十九年正月、利休とともに「内々の儀は宗易、公事の儀は秀長」といわれ、秀吉政権を支えていた豊臣秀長が死去したことによる。秀長という支援者を失った利休は、政権内での地位を失うに至ったと解するのが妥当であろう。

では何故、豊臣秀吉は利休をかばってはくれなかったのであろうか。天正十九年の時点で、関白として権勢の絶頂に登りつめた秀吉と、堺商人の茶頭千利休との間には、もはや雲泥の地位の差があった。茶の湯に関しても、秀吉の美意識と利休の美意識には、「黄金の茶室」や「黄金塗の茶碗」の秀吉と、「草庵茶室」や「黒楽茶碗」の利休には、もはや相容れない落差があったのであろう（芳賀幸四郎氏著『千利休』吉川弘文館人物叢書、一九六三年）。

18

豊臣家の滅亡と徳川幕府

伝伏見城大手門（御香宮）

醍醐の花見

慶長三年（一五九八）三月十五日、豊臣秀吉は秀頼・淀殿を率いて、有名な醍醐の花見を行なった。これが秀吉最期の盛儀となった。

慶長三年秀吉は、醍醐寺の整備を行ない山門造営のほか、三宝院門跡を自己の御成所《おなりしょ》として整備し庭園を造園している。

二月に入ると、花見会が来たる三月十五日と決定された。その一カ月も前から、前田玄以の指揮の下、桜奉行が定められ、種々の準備が始められた。二月十三日からは大規模な桜の木の移植が行なわれている。「江州・河州・和州・当国（山城国）四カ国の桜掘りてこれを植るべし、吉野を移さると云々。」と言われる如くであったという。

秀吉はこの頃からたびたび醍醐寺に渡御し、寺の普請と花見の準備を巡検している。二月二十日、醍醐寺の普請を巡検した秀吉は、泉水の縄張りを指示し、聚楽第《じゅらくてい》からも名石を引くように指示している。また仁王門として大きな二階門の造営を指示している。この月、山号を「深雪山《みゆきざん》」と号すように命じた秀吉は、秀頼の繁栄を祈り、「相《あい》おひの松に花さく時なれば深雪《みゆき》の桜千世《ちよ》や経《へ》ぬらん」と詠んでいる。

二月十五日、盛大な花見会が行なわれ、三宝院門跡へは秀吉から銀百枚が贈られた。四月十八日、秀吉・秀頼父子は参内し、同月二十四日秀頼は六歳で中納言の宣下を受けている。秀吉最期の盛儀のあと参内した秀吉・秀頼父子は絶頂期にあった。その父子を支えた重臣が内大臣徳川家康・中納言徳川秀忠・中納言毛利輝元であった。

しかし、六歳の秀頼の側近は、母淀殿・淀殿妹常高院・二位局・秀頼乳母大蔵卿局などであり、いわゆる閨房の中で育てられたままであった。ここに秀頼の未来の悲劇を読み取るのは、私だけであろうか。大坂城に君臨したとは言え、一戦の経験もないまま、関白後継候補として育てられた秀頼に、豊臣家滅亡という悲劇が待ち構えていたのである。

家康と秀頼が会見した京都二条城大手門

秀吉の死

慶長三年（一五九八）八月十八日、病のため豊臣秀吉は伏見城で死去した。

つゆとおちつゆときへにしわがみかななにわの事もゆめの又ゆめ

は、有名な辞世の歌である。

京都二条城隅櫓

六十歳を一期《いちご》として、京都伏見城で、秀吉はその波乱多き一生を閉じたのであった。

秀吉は、淀殿の生んだ後継者秀頼に、豊臣政権を託そうとした。しかし、甥の秀次を抹殺した秀吉にとって、血縁のある後継者は秀頼ただ一人であり、当年わずかに六歳に過ぎなかった。豊臣秀吉の最大の失敗は、後継者が幼い秀頼ただ一人であったことであろう。

秀吉が後事を託したのは、五大老（徳川家康・前田利家・毛利《もうり》輝《てる》元《もと》・上杉景勝《うえすぎかげかつ》・宇喜多秀家《うきたひでいえ》）と五奉行（浅野長政《あさのながまさ》・増田長盛《ましたながもり》・石田《いしだ》三《みつ》成《なり》・前田玄以《まえだげんい》・長束正家《なつかまさいえ》）の連合政権であった。そこには、後継としての秀頼を主君として、五大老・五奉行が連合して豊臣家を支える構想があったが、歴史は秀吉の思惑通りには進まなかったのである。

関ヶ原の戦

慶長五年（一六〇〇）六月、徳川家康は会津に上杉景勝を攻撃した。家康出征の間をねらって石田三成は佐和山城に挙兵した。

毛利輝元、宇喜多秀家もこれに味方し、諸大名に家康への戦争に参加するよう呼びかけた。大坂城西の丸に家康が残しておいた留守居佐野《さの》綱正《つなまさ》を追い出し、毛利輝元、秀就《ひでなり》父子が入った。また家康に従って東下している諸将の妻子を人質として大坂城に収容した。ただ、細川忠興《ただおき》の妻で明智光秀の娘玉（ガラシア）のみは、これを拒否して自害した。

　大坂には主として近畿・中国・四国・九州の諸大名が集まった。その兵力九万三千余であった。家康方は、福島正則《ふくしままさのり》、池田《いけだ》輝政《てるまさ》を先鋒として、西軍と決戦すべく西上を始めた。

京都豊国神社

　慶長五年九月十五日、関ヶ原で天下分け目の大合戦が展開された。石田《いしだ》三成《みつなり》・小西行長《こにしゆきなが》・安国寺《あんこくじ》恵《え》瓊《けい》の西軍主将は、戦場を脱出、身を隠したが、その後いずれも捕縛された。家康は毛利輝元と講和を結び、九月二十七日、大坂城西の丸に戻ったのである。

　敗れた石田三成・小西行長・安国寺恵瓊の三人は、大坂に拘置されていたが、十月一日首かせをはめられて、大坂・堺・京の市街を引き廻され、六条河原で群集の見守る中、首をはねられた。

　豊臣秀頼は、大坂城に健在であったが、秀頼の下には、豊臣家旧領摂津・河内・和泉三カ国六十五万石のみが残っただけであった。

片桐且元の居城茨木城櫓門（復元）

徳川幕府の成立

慶長八年（一六〇三）二月、徳川家康は征夷大将軍に就任した。征夷大将軍就任によって幕府を立てることは、武家政権成立を意味した。

豊臣政権が公武両権力を集中して関白という地位に就いたのに対し、家康は公家権力とは一線を画して、関東に再び武家政権を立てたのである。しかし家康の武家政権は、実は天皇・公家権力さえも実質的に支配する徳川幕府をめざしたのであった。

慶長十年（一六〇五）四月には、将軍職を子息秀忠に譲っている。秀頼方への気配りも見せ、秀頼を右大臣に昇任させてもいる。しかし、秀忠は内大臣であったのに対し、慶長十二年（一六〇七）正月には、秀頼は右大臣の任を解かれて、九条忠栄がこれに替っている。

慶長十六年（一六一一）三月二十八日、京都二条城での秀頼と家康の会見は、家康に秀頼が臣従するという政治上の儀式となった。

慶長十六年の家康上洛は、後陽成《ごようぜい》天皇の譲位と後水尾《ごみのお》天皇の即位という一連の儀式を差配するためであった。慶長十二年に駿府城に居を構えて以来、四年ぶりの上洛であった。江戸幕府の体制を完成させた家康にとって、もはや豊臣方の勢力は恐るるに足るものではなかったと思われる。

一方豊臣遺臣であった浅野《あさの》幸長《ゆきなが》、加藤《かとう》清正《きよまさ》それに秀頼の傅役《もりやく》片桐《かたぎり》且元《かつもと》も平和的解決を希望し、秀頼上洛を実現しようとしたのである。三月二十七日、織田《おだ》有楽《うらく》(長益《ながます》)・片桐《かたぎり》且元《かつもと》・片桐貞隆《さだたか》・大野治《はる》長《なが》、その外御番衆・御小姓衆三千人ばかりを引き連れて、秀頼は大坂城より京都二条城へ向かった。二十八日の辰の刻(午前八時頃)より家康との対面が行なわれた。「三献《さんこん》の祝い」が行なわれ、家康から秀頼に盃をつかわし、太刀や脇差のほか、大鷹三連・馬十四等が秀頼へ送られた。この会見には、高台院(秀吉正室)も立ち合ったという。

この二条城での会見は、家康が秀頼を臣従させたことを人々に見せつけたのである。この結果、家康は多くの諸国大名を臣従させたのである。

豊臣秀吉北政所ゆかりの高台寺
—秀吉と北政所の廟がある

方広寺鐘銘事件

慶長十九年(一六一四)八月十八日は、秀吉の十七回忌で、豊国神社臨時大祭を行なうので、大仏開眼供養と堂供養を八月三日に行ないたい旨、片桐且元が家康と交渉しはじめた時、家康は次の難題を持出した。

その第一は、方広寺大仏殿の鐘の銘に、江戸幕府に

大坂城復元天守閣

とって不吉の語がある。第二は、大仏殿の堂供養を八月三日に行なうのは日が悪いというのである。

家康が問題としたのは、鐘銘の「国家安康」の四字で、これは家康の名前を引きさいて、家康を調伏しようとするものであると言った。また、「君臣豊楽《くんしんほうらく》、子孫殷昌《しそんいんしょう》」の文字は、「豊臣を君として、子孫の殷昌を楽しむ」意であるとして鐘銘を問題化させた。

片桐且元は、鐘銘などの弁明のため、急いで駿府に下った。駿府に下った片桐且元は、家康への対面を申し入れたが許されず、寺に籠もった。一方大坂方からは大蔵卿局《おおくらきょうのつぼね》が駿府に派遣され、家康の歓待を受けたという。

大坂方反乱の疑を持つ家康に対し、秀頼は大蔵卿の局を送った。家康は大蔵卿局には、「秀頼公に対し疎略に思うことは何らありません。」と告げる一方、片桐且元に対しては、「秀頼か、淀君か、二人に一人在江戸を仕るか、国替仕るか、此の三の内一つを求めよ。」と命じたといわれる。しかしこれを且元が提唱したため、淀君・秀頼から疎まれる所となり、且元は身の危険を感じ、自邸にひき籠もった。

十月一日、片桐且元本人・弟貞隆ら一族をあげ大坂城を退出し、茨木城に入った。片桐且元の豊臣方からの離反、それは秀頼滅亡を決定づけた出来事であった。幼少の秀頼を後見し続けた傅役《もりやく》片桐且元、豊臣家の家老格として秀頼を補佐し続けた且元は、ついに大坂城の秀頼母子を見限ったのである。

大坂冬の陣

片桐且元が大坂城を退去した慶長十九年（一六一四）十月一日、家康は大坂城攻撃を決定、江戸の将軍秀忠に急使を送り、近江・伊勢・美濃・尾張・三河・遠江の諸大名に陣触を出している。

十月十二日、家康が遠江掛川辺に進軍したころ、大坂方の槙島重利・赤座円膳らは堺奉行芝山正親を攻撃、ここに大坂冬の陣が始まった。

十月二十三日、京都二条城に入った家康は、ここに逗留して秀忠の到着を待ち十一月十五日二条城を出発した。家康は奈良・法隆寺を経て摂津住吉へ、秀忠は枚方を経て平野へ、十一月十七日に着陣した。

十一月三日には、片桐且元は先鋒軍が大坂城を包囲した状況を家康に報告、翌日の四日には大坂付近の地図を家康に献じ、五日には家康から攻撃の方策を聞いており、

豊臣秀頼像
（東京藝術大学所蔵）

樫井古戦場跡の戦死者を弔う
無縁墓

豊臣方から離反した且元は、豊臣攻撃の中心勢力となっている。

大坂方の武将としては、大野修理治長・主馬治房・治胤（道犬）の三兄弟、織田有楽（長益）・頼長父子、木村長門守重成・薄田《すすきだ》隼人正兼相など豊臣家譜代、それに関ヶ原の戦後浪人となった真田幸村、長宗我部盛親、大谷吉継の子大学、増田長盛の子盛次、石川三長（康長）・康勝兄弟、黒田長政の旧臣後藤又兵衛其次、加藤嘉明の旧臣塙団右衛門直之など多数の浪人者が加わったのみであった。

十一月十九日、両軍の衝突が、木津川口および伝法川口で始まった。両者激突約一カ月、慶長十九年十二月十八・十九日和平会議が開かれ、徳川方は本田正純と阿茶局（家康側室）、大坂方の使者は常高院（淀殿の妹・京極忠高母）であった。講和の条件は、大坂城の本丸だけを残して、二の丸・三の丸は破却する。淀殿を人質として出すに及ばず、大野治長と織田長益は人質を出す、城内の兵は譜代・新参を問わず処罰しないことであった。しかし徳川方は大坂城の堀をすべて埋めてしまった（二木謙一氏著『大坂の陣』中公新書、一九八三年）。

大坂夏の陣

慶長二十年（一六一五）三月十二日、京都所司代板倉勝重は、大坂方がふたたび兵粮・弾薬を貯え、浪人を狩り集め、戦いの準備をしていると報告している。

大坂方の主力は大野修理治長ら二十余人の家臣とその母大蔵卿局らの女中衆であった。織田有楽斎（長益）は、四月十三日家康方に参戦している。

外堀から見た大坂城跡

駿府に居た家康は、四月四日子息義直の婚儀のためとして駿府を立ち、名古屋に滞在、四月十八日には、早くも京都二条城に入った。すでに戦いは始まった。家康が京都を出陣しようとした四月二十八日、京都市中に放火しようとした大坂方将兵数十人が捕えられた。堺の町でも攻防が起こった。同二十八日、堺に徳川方の軍勢が駐屯しているのを知った大坂方は堺の街に放火、二万軒の建物が焼け、市街は焦土と化した。

四月二十九日には、泉南樫井で合戦が始まった。

五月六日には、河内国道明寺、八尾・若江付近で両軍が激突した。

五月八日辰の刻、片桐且元の使者の報によって、秀頼・淀君・大野治長らが、二の丸帯曲輪に楯籠もっていることがわかった。城には火が懸けられ、帯曲輪に追い詰められた秀頼一族はここに全滅した。

たった二十三年間の秀頼の生涯はあまりにもはかない。時に慶長二十年五月八日、燃えさかる炎の中にその悲しい生涯を閉じ、豊臣家は滅亡した（前掲書『大坂の陣』）。

19

江戸町人文化のすばらしさ

——歌舞伎と浮世絵——

歌舞伎の成立

歌舞伎は出雲の阿国《おくに》に始まるといわれる。

慶長八年（一六〇三）、出雲の巫女という阿国が京都の三条や五条、北野神社で興行したのが、爆発的な大当たりとなったのである。

絹の黒い僧衣をつけ、首から真紅の紐で胸に吊した鉦を叩きながら念仏踊りを踊ったり、男装して胸に十字架をつけた阿国の興行は評判に評判をよび、同十二年には江戸に下り、城中で勧進《かんじん》歌舞伎を演じるまでになっている。

阿国は出雲から来た「歩き巫女《みこ》」といわれる。「歩き巫女」とは、伊勢や熊野の男性御師や熊野比丘尼のように、地方を巡り歩いて布教した人々である。その歩き巫女が京都で巫女の舞を披露したのが歌舞伎の始まりであると考えられている。従って阿国一人に起源を求めるのは間違いで、この前後の時代、そういう人々が他にも存在していた可能性がある。

やがて京都では遊郭の楼主たちが、かかえ遊女たちに男装をさせ、四条河原に設けた舞台で遊女（女）歌舞伎が演じられた。

徳川の天下が定まり、時代の変革は民衆を享楽へと走らせたため、寛永六年（一六二九）、この遊女歌舞伎は禁止された。

次が若衆歌舞伎の時代である。少年の芸を好む風習は古くからあったが、女歌舞伎の禁止によって、若衆が女の役を演じることとなった。

三代将軍徳川家光《いえみつ》は若衆《わかしゅう》好みで有名だが、歌舞伎一座を城中によんで見物までしている。若衆歌舞伎も風俗的には女歌舞伎と変わりがなかったので、慶安四年（一六五一）家光が他界すると、それを待っていたかのように、翌承応元年（一六五二）に若衆歌舞伎も禁止されてしまう。

その後、延宝〜貞享年間（一六七三〜八八）の二十年程が、野郎歌舞伎の時代である。若衆の前髪を剃り落として、野郎あたまになった役者だけで芝居が演じられた。

元禄時代（一六八八〜一七〇四）は十七年続いた。この時代は歌舞伎の発展期である。

上方（京、大坂）と江戸とでほぼ同時に、和事《わごと》と荒事《あらごと》という相反した特色が強く打ち出され、それぞれ独自の様式をつくりあげた。

上方では和事の坂田藤十郎《さかたとうじゅうろう》が活躍する。江戸では、英雄崇拝の風潮が生まれ、「荒事」はこうした気風から生まれ、初代市川団十郎《いちかわだんじゅうろう》はその開祖である。

次の江戸中期、歌舞伎は、人形浄瑠璃のヒット作の移入をはかる。義太夫《ぎだゆう》を土台にしながら義太夫狂言（院本歌舞伎・竹本劇・丸本歌舞伎ともよぶ）を生み出して、レパートリーを増やした。

もうひとつは多彩な音楽の導入である。長唄・義太夫・豊後節系浄瑠璃と多彩な音楽をかかえてレパートリーを増やしたのである。

町人文化の発展とともに歌舞伎は発展して行った（藤田洋氏編『歌舞伎ハンドブック』三省堂、二〇〇〇年）。

浮世絵の隆盛

江戸時代に発達した浮世絵芸術は、江戸時代の町人文化が背景となっている。江戸期の産業、経済の発達は、町人たちに遊興の場を与えた。その遊興とは、歌舞伎などの芝居見物・相撲見物、それに遊里での遊びであった。現実を謳歌する風潮は、「浮世」という言葉を生み、浮世絵や浮世草子という芸術を発展させたのであった。

浮世草子などの木版本の挿絵として、浮世絵師たちの活躍が始まった。

十七世紀に現れた菱川師宣《ひしかわもろのぶ》は版画絵本の下絵に活躍するが、今日の彼の名声は肉筆の「見返り美人図」によっている。

十七世紀には、すでに役者絵が鳥居清信《とりいきよのぶ》・清倍《きよます》らによって描かれている。

十八世紀前半になると、鈴木春信《すずきはるのぶ》が現れて、錦絵とよばれる多色の色摺版画に美人絵を描いた。勝《かつ》川春章《かわしゅんしょう》は、役者絵に腕をふるった。

十八世紀後半は、浮世絵の全盛期であり、喜多川歌麿《きたがわうたまろ》・葛飾北斎《かつしかほくさい》・東洲斎写楽《とうしゅうさいしゃらく》・安藤広重《あんどうひろしげ》という大家を生んだ。

葛飾北斎　「富嶽三十六景　凱風快晴」（同右）

喜多川歌麿　「難波屋おきた」
（山口県立萩美術館・浦上記念館
所蔵）

安藤広重　「東海道五拾三次　浜松・冬枯ノ図」
（国立国会図書館ホームページ画面より）

東洲斎写楽　「三世瀬川菊之丞の
田辺文蔵妻おしづ」（同上）

〈参考〉
喜多川歌麿

江戸中期の宝暦年間（一七五一～六四）に生まれたと伝えられるが、歌麿の生地すらわかってはいない。

本姓は北川、幼名は勇助あるいは市太郎。幼少より狩野派の町絵師鳥山石燕《とりやませきえん》のもとで学び、やがて版元蔦屋重三郎《つたやじゅうざぶろう》と出会い、天明元年（一七八一）頃から黄表紙の挿絵や錦絵を出版した。

歌麿の代表作が次々と刊行され、美人画の絵師として人気が絶頂に達するのは十八世紀末の寛政年間（一七八九～一八〇一）のことであるが、この時期は彼にとって受難の時代で、老中松平定信の寛政の改革の下、出版統制を受けることとなった。この統制下、雲母摺《きららずり》などの浮世絵表現の可能性を拡げたが、寛政九年（一七九七）、蔦屋が亡くなると、しだいに衰えを見せ、追い討ちをかけるように文化元年（一八〇四）には『絵本太閤記』関連の錦絵によって三日間の入牢、手鎖五十日間に処せられた。これがよほどこたえたのか、二年後の文化三年（一八〇六）に死去。おそらく五十歳前後だったと思われる。

その代表作は「婦人相学十躰」や「寛政の三美人」など、花さく江戸の女たちを美しく表現した。

（『週刊日本の美をめぐる　歌麿においたつ色香』小学館、二〇〇二年）

葛飾北斎

葛飾北斎は、宝暦十年（一七六〇）江戸本所割下水に生まれ、十九歳で勝川春章《かつかわしゅんしょう》に弟子入した。

彼が江戸・浅草の長屋で亡くなったのは、今からおよそ百五十年前の嘉永二年（一八四九）のことであった。彼の才能は没後七、八年にして、すでにヨーロッパの画家の注目を集めだし、十九世紀末には、印象派の画家たちに大きな影響を与えるようになった。

「富嶽三十六景」が、北斎の作品として余りにも有名であるが、彼ほど多彩なジャンルの絵を描いた絵師はいない。役者絵に始まり、今でいうグリーティング・カードの類・流行小説の挿絵・美人画・春画・博物画・奇想画・風景画と、探求のテーマをつぎつぎに変えては成功をおさめていった。

画家人生七十年の間に、名前を変えることおよそ三十回、転居は九十三回に及んだというこの奇人は、幕末の社会にあって、「絵を描く」というただ一つのことに憑《つ》かれ続けた情熱の人であった。また御用画家となるのを好まず、金銭に執着せず、あくまで庶民の中で生きることを選んだ反骨の人でもあった。

「富嶽三十六景」の内「凱風快晴」は赤富士の通称で有名である。朝焼けの赤い富士と晴天の空が対称的な美しさを持っている。天保二年（一八三一）出版当時も、大波や桶《おけ》の向こうに富士山が見える奇抜な構図や、西洋から紹介されてまもない科学染料ベルリン・ブルー（通称ベロ藍）をふんだんに用いた色彩が、新しもの好きの江戸っ子を喜ばせた。富士信仰が一大ブームだったから、安価できれいな護符としての商品価値もあったのだろう。

現代においてもこの「富嶽三十六景」を絶賛する人が多く、日本の原風景としても愛好されている。

「富嶽百景」を出した七十五歳の北斎は、「七十歳までに描いたものは、実にとるにたらないものだ。七十三歳で、ようやく生き物の骨格や草木の出生を悟った。八十歳になればますます腕はあがり、九十歳で奥義をきわめ、百歳になれば、神技といわれるだろう」と述べている。

死の間際、枕もとの門人たちに「もう十年余命があればなあ」とつぶやき、さらに「もう五年生きられたら本物の絵描きになれるのに」と言い直したという。最期まで飽くなき絵への情熱を燃やし続けて、九十歳の天寿を全うし画狂人は逝った。

（『週刊日本の美をめぐる　視覚の魔術使北斎』小学館、二〇〇二年）

謎の絵師東洲斎写楽

写楽は、寛政六年（一七九四）五月、江戸有数の版元蔦屋重三郎《つたやじゅうざぶろう》から突如二十八枚の役者絵を出版して名声を博したが、そのわずか十カ月後、浮世絵界から姿を消してしまう謎の絵師なのである。

写楽は歌舞伎役者の個性を誇張して表現した。この役者絵は当時の江戸の人々には新鮮な印象を与えたが、その人気は長くは続かなかった。写楽が再び見直されるのは、百年後のヨーロッパからであったのである。

写楽は短い作画期間に五種の相撲絵を残しており、そのすべてに怪童力士大童山文五郎が描かれている。写楽が筆を折る直前に登場し、一躍江戸のアイドルになった大童山。彼の風貌と容姿は、いかにも写楽好みで、役者絵しか描かなかった写楽が、この怪童力士を題材に選んで人気挽回をはかろうとしたと思われる。

（『週刊日本の美をめぐる　謎の浮世絵師写楽』小学館、二〇〇二年）

安藤（歌川）広重

「東海道五十三次」で有名な安藤《あんどう》（歌川）広重《ひろしげ》は、寛政九年（一七九七）江戸城の防火にあたる定火消同心《じょうひけしどうしん》安藤源右衛門を父に生まれ、数え年十三歳で家督を相続したが、相ついで両親を失い、苦しい下級武士の生活であった。

十五歳の時、歌川豊広《うたがわとよひろ》の弟子となり、翌年には、師匠の名と自分の実名（重右衛門）から一字ずつとって「広重」と名のることを許された。

二十七歳の時、安藤家の本筋である祖父の子に家督を譲り、画業に専念した。しかし、「東海道五十三次」で頭角を現すのは、それからほぼ十年後であった。

苦しい生活を支えてくれた最初の妻を亡くしたり、縁者の娘を引き取ったり、私生活において苦労はたえなかったが、その後、「近江八景」・「京都名所」・「木曽海道六十九次」などを立て続けに発表し、甲州や房総、陸奥などにも旅し、亡くなる直前には、「名所江戸百景」に取り組んでいる。

安政五年（一八五八）六十一歳で死去、死の四日前の遺書には、「死んでゆく地ごくの沙汰はともかくもあとのしまつが金しだいなれ」という狂歌を遺している。

「東海道五十三次」は、初めは天保四年（一八三三）に、保永堂と仙鶴堂から共同出版され、のち保永堂の単独出版となった。五十三の宿駅に、起点の江戸と終点の京都を加えた五十五枚の大判錦絵シリーズで、人々の旅への高まりとあいまって、広重一世一代のロングセラーとなった。

（『週刊日本の美をめぐる　旅へいざなう広重の五十三次』小学館、二〇〇二年）

20　坂本龍馬のめざしたもの

京都三条酢屋　龍馬忌

坂本龍馬の生涯

坂本龍馬は、天保六年（一八三五）、土佐国高知城下本丁筋に、坂本八平の子として生まれた。土佐坂本家は、町人から郷士の株を手に入れて武士となった家柄で、才谷屋という屋号で質屋・酒屋などを幅広く行なう豪商でもあった。才谷とは、高知郊外の坂本家出身の地名である。

郷士というのは、戦国時代の四国の大名長宗我部氏の侍の子孫とされている。土佐藩成立時、山内一豊が高知に入城したが、その直臣を上士とし、長宗我部氏の旧臣を郷士としたのである。当然上士の身分が上であり、郷士は徳川三百年間辛酸をなめることとなった。

古い高知城下町の風情を残す築屋敷《つきやしき》のあたりは、かつて少年龍馬が毎日木刀をかついで剣道修行に通った場所である。行先は日根野道場。

日根野道場で六年の研鑽を積んだ後、龍馬は江戸に出た。北辰一刀流千葉定吉の門をたたいたのである。時に嘉永六年（一八五三）、龍馬十九歳の時である。この年、江戸はペリーの浦賀入港で騒然とした。

太平の眠りをさます上喜撰たった四はいで夜もねむれず

時代は、風雲急を告げていた。五年後の安政五年（一八五八）、井伊直弼が大老となり、安政の大獄が始まった年である。

明治になって警視庁の幹部となった檜垣清治が、次の様な龍馬のエピソードを伝えている。

龍馬が短い刀をさしているので、自分も短い刀をと思って、短い刀を差して、「坂本さん、私も短い刀をさしましたよ」と言ったら、龍馬がその時は、「おれは刀をやめた。これだ。」と言ってピストルを出した。「あっそうか。」と思って檜垣清治は一生懸命ピストルを手に入れた。ところが、その次、龍馬に会った時、龍馬は「おれはこれだ。」と言って、懐から出してきたのは、『万国公法』、つまり国際法の本だったという。これから国を守るのは、剣でもピストルでもなく、国際法だという龍馬の時代感覚は鋭かった。

京都河原町近江屋跡　龍馬忌

安政元年（一八五四）二十歳となった龍馬は土佐に帰り、土佐藩の学者河田小龍《かわたしょうりょう》より海外事情を学んでいる。安政三年には、再度江戸に遊学、同郷の武市《たけち》瑞山《ずいさん》、長州の桂小五郎らと交わっている。

文久二年（一八六二）二十八歳の時、脱藩、江戸に赴き、幕府軍艦奉行勝海舟の門下生となった。

文久三年（一八六三）三月二十日、姉乙女に手紙を送

っている。その手紙には、脱藩後、諸国を流浪したあげく、勝海舟という人物にめぐり会った喜びがあふれている。

文久三年、幕艦順動丸で海舟と共に兵庫より江戸に向かった龍馬らは、正月十五日風雨を避けて伊豆下田に寄港した。おりから同様下田港に停泊していた大鵬丸の山内容堂に海舟が面会、ここで龍馬の脱藩罪赦免を願って許された。

文久三年（一八六三）から翌年元治元年（一八六四）にかけて、政局には怒濤の変化が訪れた。長州藩の強い支援を受けて京都朝廷の中心勢力となっていた尊皇攘夷派の転落、それに代わる公武合体派の台頭、それに便乗する江戸幕府の権力挽回、それぞれからみあって激動の時代が訪れた。

元治元年（一八六四）六月二十日、肥後の宮部鼎蔵・長州の吉田稔麿、土佐の北添佶麿・望月亀弥太・京都の西川耕蔵らが三条池田屋に会することを知った新撰組はこれを襲った。京都守護職の兵も駆けつけ、激闘数時間、宮部鼎蔵・吉田稔麿以下七人が討死、二十三名が逮捕された。桂小五郎も、この会議に呼ばれていたが、彼が来た時はだれもいなかったので、対馬藩邸に赴き、難を逃れたという。

慶応二年（一八六六）正月二十日、寺田屋に一泊した龍馬は、薩摩屋敷に入っていた桂小五郎を訪ねた。ここで桂・西郷双方の説得に龍馬が努めた結果、翌正月二十一日、西郷・桂の会議を実現し、薩長同盟の密約が成立したのである。

薩長同盟の密約に成功した龍馬は、慶応二年正月二十三日夜、伏見寺田屋に戻った。幕吏は龍馬の動静を見張っていたのか、この日の深夜伏見奉行林肥後守配下の武士が襲って来た。この時、入浴中の寺田屋の養女お龍が急を知らせ、ピストルを構えた龍馬と三吉慎蔵が必死の防戦をし、裏口より脱出、川に飛び込んで材木置場に身を隠し九死に一生を得たのである。

寺田屋事件のあと、龍馬はお龍といっしょに薩摩藩邸に隠まわれ、いっしょに薩摩まで逃避行を続けた。お龍は安政の大獄で獄死した京都の医師楢崎将作の娘で、池田屋事件のあと土佐藩士の世話をしていた時、龍馬と知り合った。寺田屋に養女として世話したのも龍馬で、このあとお龍を妻とした。

慶応三年（一八六七）十月十三日、将軍徳川慶喜は、在京四十藩の代表を二条城に召集、「大政奉還」の方針を伝えた。これを聞いた龍馬は、「将軍家今日の心中さこそと察したてまつる、よくも断じたまへるものかな、よくも断じたまへるものかな、……余は誓ってこの公のために一命を捨てん」と言ったと伝えられる。

二条城会議の翌日十月十四日、将軍慶喜は大政奉還のことを朝廷に奏聞したが、くしくも同じ日、討幕の密勅が、薩摩の大久保一蔵・長州の広沢兵助に、嵯峨実愛によって下賜されていたのである。しかし、将軍の奏聞に対しては、これを聴許するという朝廷の方針が出された。

慶応三年（一八六七）十一月十五日、龍馬は京都河原町近江屋に居た。近江屋の主人井助は、龍馬のことは妻にも内緒で、裏庭の土蔵に密室をこしらえ匿い、龍馬の身の世話は下僕藤吉が行なっていた。おり悪しく、龍馬は風邪をこじらせ、用便などにも不自由であるからと主家の二階に居を移していた。

この日、陸援隊長中岡慎太郎が、同志宮川助五郎の赦免のことを相談するため、龍馬を訪ねていた。そこを七人の刺客が襲った。

龍馬暗殺の犯人については、当初から新撰組説、見廻り組説、はては薩摩藩説や土佐藩説がある。その中では、見廻り組説が有力な説と考えられている（平尾道雄氏著『龍馬のすべて』久保書店、一九六六年）。

「元京都見廻組今井信郎口書」によると、十一月十五日の襲撃の模様は、次のようであった。

夕方五時頃、見廻り組の七人が近江屋へ入り、佐々木唯三郎が先に入り松代藩とある偽の手札を差出し、龍馬への面会を申し出た。取次（藤助）が二階へ上ったのに続き渡辺吉太郎・高橋安次郎・桂隼之助が入った。今井信郎と土肥仲蔵・桜井大三郎は見張りに立った。渡辺吉太郎・高橋安次郎・桂隼之助が降りて来て言うには、「龍馬そのほか両人ばかり合宿の者これあり、手に余り候に付、龍馬は討ち留め、外二人の者切付け疵負はせ候へども、生死は見留めざる」と口上書にある。

当夜、近江屋を襲ったのは、見廻り組の与頭佐々木唯三郎と配下の渡辺吉太郎・高橋安次郎・桂隼之助・土肥仲蔵・今井信郎・桜井大三郎の七人であったと書いている。

見廻り組は京都守護職配下であり、「土州藩坂本龍馬儀不審の筋これ有り、先年伏見に於いて捕縛の節、短筒を放し、捕手の内伏見奉行組同心二人打ち倒し、其の機に乗じ逃げ去り候」罪によって、指名手配されていたのである。

幕府方の京都守護職や伏見奉行所にとっては、寺田屋事件の坂本龍馬は重罪人であり、明治維新に向けて活躍しだした龍馬には、身の危険がせまっていたのであった。

お龍の回想録「千里駒後日談」（土陽新聞、明治三十二年〈一八九九〉十一月十日）は、次のように書いている。

龍馬が斬られたときは、私は長州の伊藤助太夫の家に居りました。ちょうど十一月十五日の夜、私は龍馬が全身朱けに染んで血刀を提《さ》げ、しょんぼり枕元に立っている夢を見て、ハテ気懸りな、龍馬に怪我《けが》でもありはせぬかと独《ひと》り心配しておりますと、翌々日十七日の夕方、佐柳高次が早馬で馳《は》せつけ、私の前に平伏して『姉さん』といったきり大息をついて居りますから、さては愈々《いよいよ》と覚悟してこみあげる涙をじっとおさえ、佐柳、これを着替えなさいと、ちりめんの襦袢《じゅばん》を一枚出してやって別室で休息させ、私は妹の君江とともに香を焚いて心ばかりの法会をいとなみました。九日目に三吉（慎蔵）さんや（伊藤）助太夫やも寄合って、改めて法事を営みましたが、私は泣いて恥ずかしいとこらえ、こらえていましたが、とうとう耐えきれなくなって、鋏《はさみ》でもって頭の髪をふっつりと切りとって龍馬の霊前へ供えるが否や、覚えずわっと泣き伏しました。それからいろいろしているうち、中島と石田英吉、山本洪堂の三人が迎えに来て、一旦長崎へ下り、龍馬の遺言で菅野と君江との婚礼をすませ、それから大阪へ出て土佐へ帰りました。

龍馬回想

慶応三年（一八六七）十一月十五日、冬の到来しかけた京都河原町近江屋で、龍馬は三十三歳のその短い生涯を終えた。共に凶刃に倒れた中岡慎太郎も享年二十九歳の若さであった。土佐藩の海援隊長・陸援隊長として、共に来るべき「御維新」の世に活躍し出した二人であったが、激動の歴史の中に、その短い生涯を終えた。

坂本龍馬――それはいかなる人物であったのか、お龍の回想談や、龍馬の書状に、偲んでみよう。

「千里駒後日談」（土陽新聞、明治三十二年十一月十日）に、次の一節がある。

龍馬は、頰《ほほ》は少しやせて、目はすこし角が立っていました。眉の上には大きなイボがあって、そのほかホクロがぼつぼつあるので写真は奇麗《きれい》にとれないのですよ。背には黒毛がいっぱい生えていていつも石鹸で洗うのでした。長州の伊藤助太夫の家内が、坂本さんはふだん汚ない風をしておって顔つきも恐ろしいような人だったが、この間は顔もきれいに肥え、たいへんりっぱになっていらっしゃった。きっと死に花が咲いたのでしょう。まもなく亡くなられた、といいました。これは後のことです。（中略）

龍馬はそれはそれは妙な男でして、まるで人さんとは一風違っていたのです。少しでも違ったことは、どこまでも元をたださねば承知せず、はっきりあやまりさえすればすぐに許してくれまして、この後はかくかくせねばならぬぞとていねいに教えてくれました。着物などもあまり奇麗にするときげんがわるいので、自分も垢づいたものばかりを着ておりました。（中略）十人行けば十人の中で、どこの誰やら分からぬようにしておれ、と常に私にいい聞かせ、人に軽《けい》蔑《べっ》せられるというと、それがおもしろいじゃないか、といっておりました。（中略）戦争がすめば山中へはいって安楽に暮らすつもり、役人になるのはおれはいやじゃ、退屈な時に聞きたいから、月琴でも習っておけ、とお師《し》匠《しょう》さんを探してくれましたので、私もしばらく稽《けい》古しました。

龍馬死去の時、お龍は下関に住んでいた。長府侯毛利元敏はお龍を憐れみ、扶持をあたえて三吉慎蔵がその世話をした。妹の君江もお龍と同居していたが、のち海援隊士菅野覚兵衛にめとられた。お龍は翌慶応四年（一八六八）三月、高知の坂本家にひきとられた。しかし、坂本家の生活は長くは続かず、呉服商くずれの西村松兵衛という大道商人といっしょになった。晩年は横須賀市外深田観念寺の裏長屋で寂しく生涯を閉じたという。

今思い出せば、文久三年（一八六三）六月二十九日、龍馬は二十九歳の時、姉乙女に対しすでに悲しい別れを予見する手紙を出していた（京都国立博物館編『坂本龍馬関係資料』一九九九年）。

私しおけしてながくあるものとおぼしめしハやくたいニて候、然《しかる》ニ人並のようふに中〻めったに死なふぞ〳〵、私が死《しぬる》日ハ天下大変にて生ておりてもやくにたゝず、おろんともたゝぬよふニならねバ、中〻こすいいやなやつで死ハせぬ、然ニ土佐のいもほりともなんともいはれぬ、いそふろ（居候）に生て、一人の力で天下うごかすべきハ、是又天よりする事なり、かふ申てもけして〳〵つけあがりハせず、ますますすみかふて、どろの中のすゞめがいのよふに、常につちをはなのさきゑつけ、すなをあたまへかぶりおり申し候、御安心なされかし、穴かしこや、

弟直陰（龍馬）

大姉足下

この手紙文中に、すでに龍馬の決死の覚悟が書かれている。いつの日か、このような日が来ると龍馬は予見していた。しかしただのたれ死するのではなく、天下大変の日即ち幕末大変革の時中に死に行くことを予見していたのである。

「薩長同盟」ついで「大政奉還」と大偉業を成し遂げた時に、龍馬予見の日が訪れたのであろうか。それは「どろの中のすゞめがい」と自称した龍馬が、泥中から出て活躍しだした時なのであった。

慶応三年（一八六七）十二月、王政復古令が出された時、龍馬はすでにこの世の人ではなかった。総裁・議定・参与の職制が旧来の朝廷官職に代わって、参与には薩摩・土佐などの俊秀が抜擢せられ、新しい政府の綱領が示された。

明治元年（一八六八）三月の五箇条の御誓文の中にも、龍馬が生きている。「智識を世界に求め、

大いに皇基を振起すべし」、「旧来の陋習《ろうしゅう》を破り天地の公道に基づくべし」という構想は、龍馬が構想した「船中八策」や「新政府綱領八策」の中にすでに存在していた。

龍馬が夢みた新しい日本の構想は、明治維新の五箇条の御誓文の中に生かされた。開国と貿易の必要性を解いたその精神は、明治の新国家の中に生かされたのである（森田恭二著『龍馬回想』和泉書院、二〇〇四年）。

〔主要参考文献〕（掲載順）

本書を成すに当たっては左記の書を主に参考とし、当該箇所にそれを示したが、この他にも多くの文献を参考とした。全文献を網羅できなかった失礼の段をお詫び申し上げたい。

○『縄文の扉縄文まほろば博公式ガイドブック』（「縄文まほろば博」実行委員会発行、一九九六年）
○佐賀県教育委員会編『環境集落吉野ケ里遺跡概報』（吉川弘文館、一九九〇年）
○和田萃氏著『飛鳥―歴史と風土を歩く―』（岩波新書、二〇〇三年）
○NHK歴史誕生取材班編『歴史誕生1』（角川書店、一九八九年）
○宇治市編『宇治市史』第一巻（宇治市、一九七三年）
○『週刊日本の美をめぐる　信貴山縁起と伴大納言絵巻』（小学館、二〇〇二年）
○日本古典文学大系『今昔物語』（岩波書店、一九六二年）
○日本古典文学全集『今昔物語集』(1)（小学館、一九七一年）
○入間田宣夫氏著「平泉『柳の御門』の発掘によせて」（『歴史と地理』四三九号、一九九二年）
○斎藤利男氏著『平泉―よみがえる中世都市―』（岩波新書、一九九二年）
○日本古典文学大系『太平記』（岩波書店、一九六二年）
○森田恭二著『足利義政の研究』（和泉書院、一九九三年）
○森蘊・村岡正氏監修『公家・武将の庭』（平凡社、一九八〇年）
○今谷明氏著『京都一五四七年』（平凡社、一九八八年）

○黒田日出男氏著『謎解き洛中洛外図』（岩波新書、一九九六年）
○森田恭二著『古代・中世くらしの文化』（和泉書院、一九九六年）
○奥野高広・岩沢愿彦氏校注『信長公記』（角川文庫、一九六九年）
○滋賀県教育委員会編『特別史跡安土城跡発掘調査報告11』（滋賀県教育委員会、二〇〇一年）
○芳賀幸四郎氏著『千利休』（吉川弘文館人物叢書、一九六三年）
○二木謙一氏著『大坂の陣』（中公新書、一九八三年）
○森田恭二著『悲劇のヒーロー　豊臣秀頼』（和泉書院、二〇〇五年）
○藤田洋氏編『歌舞伎ハンドブック』（三省堂、二〇〇〇年）
○『週刊日本の美をめぐる　歌麿においたつ色香』（小学館、二〇〇二年）
○『週刊日本の美をめぐる　視覚の魔術師北斎』（小学館、二〇〇二年）
○『週刊日本の美をめぐる　謎の浮世絵師写楽』（小学館、二〇〇二年）
○『週刊日本の美をめぐる　旅へいざなう広重の五十三次』（小学館、二〇〇二年）
○平尾道雄氏著『龍馬のすべて』（久保書店、一九六六年）
○京都国立博物館編『坂本龍馬関係資料』（京都国立博物館、一九九九年）
○森田恭二著『龍馬回想』（和泉書院、二〇〇四年）

また以下の諸機関の御協力を頂いた。記して感謝申し上げる。

明日香村教育委員会・和泉市教育委員会・京都市埋蔵文化財研究所・奈良文化財研究所・平等院・福井市教育委員会（50音順）

編著者略歴

森田　恭二（もりた きょうじ）

関西学院大学大学院文学研究科博士課程単位修了、
博士（歴史学）、専攻日本中世史、現在帝塚山学院
大学教授
主要著書
『足利義政の研究』（和泉書院）
『戦国期歴代細川氏の研究』（和泉書院）
『大乗院寺社雑事記の研究』（和泉書院）
『青雲の志　龍馬回想』（和泉書院）
『悲劇のヒーロー　豊臣秀頼』（和泉書院）

おもしろ日本史　　IZUMI BOOKS 16

2008年6月5日　初版第一刷発行©

編著者　森田恭二

発行者　廣橋研三

発行所　和泉書院

〒543-0002　大阪市天王寺区上汐5-3-8

電話06-6771-1467／振替00970-8-15043

印刷・製本　シナノ

ISBN978-4-7576-0451-3　C0321　定価はカバーに表示